2024年云南省社科规划社会项目"绿色金融助力云南农产
号：SHZK2024314）
2023年云南省曲靖市社科联项目"数字金融驱动云南省县
究"（项目号：ZSLH2023ZD01）

经管文库·经济类

前沿·学术·经典

数字经济实践研究

DIGITAL ECONOMY PRACTICE RESEARCH

陈秋菊　王军刚　著

经济管理出版社

ECONOMY & MANAGEMENT PUBLISHING HOUSE

图书在版编目（CIP）数据

数字经济实践研究 / 陈秋菊，王军刚著 . -- 北京 ：

经济管理出版社，2024.12（2025.3重印）. -- ISBN 978-7-5096-9920-1

Ⅰ. F492. 3

中国国家版本馆 CIP 数据核字第 2024P5D871 号

组稿编辑：杨国强

责任编辑：杜　菲

责任印制：许　艳

责任校对：王淑卿

出版发行：经济管理出版社

　　　　　（北京市海淀区北蜂窝 8 号中雅大厦 A 座 11 层　　100038）

网　　　址：www.E-mp.com.cn

电　　　话：（010）51915602

印　　　刷：北京厚诚则铭印刷科技有限公司

经　　　销：新华书店

开　　　本：710 mm × 1000 mm/16

印　　　张：12.5

字　　　数：218 千字

版　　　次：2024 年 12 月第 1 版　　2025 年 3 月第 2 次印刷

书　　　号：ISBN 978-7-5096-9920-1

定　　　价：98.00 元

　　《"十四五"数字经济发展规划》指出："数字经济是继农业经济、工业经济之后的主要经济形态，是以现代信息网络为主要载体，以信息通信技术融合应用、全要素数字化转型为重要推动力，促进公平与效率更加统一的新经济形态。"《不断做强做优做大我国数字经济》一文中高度评价数字经济的意义，指出："数字经济发展速度之快、辐射范围之广、影响程度之深前所未有，正在成为重组全球要素资源、重塑全球经济结构、改变全球竞争格局的关键力量。"

　　数字经济是在工业经济基础上发展起来的，数字化对工业经济的渗透，孕育了数字经济，即工业经济向数字经济形态的发展是一个过程，将包含数字形态的工业经济从工业经济中分离是很难的，数字经济在 GDP（国内生产总值）中占比增大；数字经济的数字化属性和突出数据作为生产要素的作用，使得数字经济与工业经济有很大不同，也推动了生产关系的变革，带来了监管与治理的新思考。

　　发挥数字经济在促进农村共同富裕中的优化与集成作用，加强数字化改造，引导实体经济的数字化升级，加快行业数字化升级。云南省政府面向云南农业制定数字化转型路线图，如打造区域农业数字化集群，加快创新资源在线汇聚和共享，培育个性化定制、按需制造、产业链协同制造等新模式，发展平台经济、共享经济、产业链金融等新业态，进一步促进数字经济与实体经济的深度融合，进而提升实体经济的发展韧性与创新能力。这些都是本书所重点关注的内容，也是笔者基于其从事科学研究、金融投资和企业实践的多年经验，将科技与经济相融合，对新经济模态"数字经济"理论及其产业应用的认真思考，对数字经济的现状与趋势、形式与问题、理论与实践等的全面分析与总结。

　　是为序。

　　数字化、网络化、智能化在生产生活中的广泛适用，解决了人们生产生活中面临的很多难题。数字经济逐步成为经济创新发展的主流模式，并正在开启重大的时代转型，带动人类社会生产方式的变革、生产关系的再造、经济结构的重组、生活方式的改变，成为新时期经济发展的新引擎。

　　数字经济是人类通过对数字化知识与信息的认识、分析和应用，引导并实现资源的有效优化配置与再生，实现社会全方位进步的经济形态。数字经济是经济形态变迁的新阶段，数字产业化和产业数字化是数字经济的核心，代表了数字经济发展的方向。数字经济和相关领域融合发展具有极大的潜力，将进一步促进经济发展和结构转型。如何推进数字产业化、产业数字化，引导数字经济和绿色金融深度融合，推动经济高质量发展，成为新时期的课题。

　　当前世界经济复苏乏力，需要寻找重现经济繁荣的增长点。数字经济由于具有高技术、高渗透、高融合、高增长等特性，成为推动世界经济复苏、繁荣的重要引擎。数字经济的飞速发展不仅有利于提高竞争对经济的影响，还可推动企业数字化转型和智能化升级，促进新旧动能转换，为世界经济长期向好发展注入强劲的动力。美国、欧盟等世界发达国家和地区纷纷将数字经济作为振兴实体经济、培育经济新动能的重要战略，积极抢占全球产业竞争制高点。

　　数字经济作为真正面向未来的经济形态，在中国已经扬帆起航，正在引领经济增长从低起点高速追赶走向高水平稳健超越，供给结构从中低端增量扩能走向中高端供给优化，动力引擎从密集的要素投入走向持续的创新驱动，技术产业从模仿式跟跑、并跑走向自主型并跑、领跑，为最终实现经济发展方式的根本性转变提供了强大的动力。我们要以2023年为新的起点，一方面继续推动数字经济自身向纵深发展，另一方面充分激发数字经济与传统产业的"化学反应""连锁反应"，为增强我国经济活力和推动经济实现高质量发展而努力。在数字化程度日益加深的背景下，数字经济无疑将成为"十四五"时期乃至中长期内我国形成新发展格局的重要力量和国际竞争的新战场。

数字经济的复杂性、跨界性、融合性构成了它独有的概念、属性和特征，不能基于当前的表现而过度确定数字经济的定义。数字经济内涵的多样化及相关概念的混用反映了人们对数字经济认识的不足，也给数字经济的相关实践造成了困难。各领域的专家、学者纷纷从各自的角度对数字经济的内涵进行研究，丰富了数字经济内涵的研究成果，加深了人们对数字经济的认识。笔者长期在数字经济领域深耕，为了给数字经济贡献绵薄之力而撰写了这本《数字经济实践研究》。

感谢曲靖师范经济与管理学院各位领导和同事对本书的资助及鼓励，感谢20230711班吴协煌、朱秋越、梁雯寒、柯锦、杨茜等同学在制图、收集资料等方面给予的帮助，感谢家人给予的支持。特别感谢经济管理出版社相关工作人员为本书出版付出的辛勤劳动。

本书基于笔者对信息化、数字化、金融分析和数字经济的研究和思考，将数字经济与产业实践进行融合，希望能够给业界同人提供一些启发。但限于个人能力和精力，挂一漏万在所难免，恳请各位读者批评指正！

陈秋菊

2024 年 6 月

目 录

第一章 数字经济理论的概念及演化

第一节 数字经济的概念

信息通信技术持续创新、融合扩散、引领转型的过程，也是人们对信息经济内涵外延认识不断深化的过程：从 1962 年马克卢普提出"知识产业"（Knowledge Industry），到 1977 年波拉特提出"信息经济"（Information Economy）；从 1996 年 OECD 提出"以知识为基础的经济"（Knowledge Based Economy），到 20 世纪末 21 世纪初"数字经济"（Digital Economy）、"网络经济"（Network Economy）、"虚拟经济"（Virtual Economy）、"互联网经济"（Internet Economy）等新概念的涌现，无不反映出人们对信息化新实践的新理解和新认识。

1996 年，美国学者泰普斯科特在《数字经济时代》中正式提出数字经济概念，1998 年、1999 年、2000 年美国商务部先后出版了名为《浮现中的数字经济》（Ⅰ，Ⅱ）和《数字经济》的研究报告。联合国、欧盟、美国、英国等国际组织和研究机构纷纷提出了数字经济、信息经济、网络经济的新概念，不同国家对数字经济内涵外延认识的共同点是，把信息通信技术产业作为数字经济的内核，差异在于信息通信技术（ICT）与传统经济融合的深度和广度。2016 年，中国杭州 G20 峰会上发布的《G20 数字经济发展与合作倡议》中给出了数字经济的定义，即数字经济指以使用数字化的知识和信息作为关键生产要素、以现代信息网络作为重要载体、以信息通信技术的有效使用作为效率提升和经济结构优化的重要推动力的一系列经济活动。

（1）数字经济是基于信息、知识、智能的一种新型经济范式。当前，新一轮科技革命和产业变革加速推进，驱使经济社会产业形态、核心要素和竞争范式发生深刻变化，数字化发展成为增强经济发展韧性，促进世界经济实现可持续发展的关键举措，对于发展数字经济具有重要的战略意义。数字经济在发展的过程中主要以智能化信息技术为核心，与实体经济高度融合为特征，并把现代信息网络作为主要载体的新型经济形态。

（2）数字技术能够推动产生新的生产要素和生产模式，是实现数字经济与经济社会发展交汇融合的主要驱动力。随着科学技术的快速发展以及互联网的日益普及，大数据、云计算、人工智能、区块链等新生代技术逐渐运用到生产和生活中，引发数据爆发式增长，数字经济将慢慢取代传统产业数字化，促使网络化和智能化转型速度加快以及规模扩大，为经济发展带来了新的生产要素和新的动力。数字技术进步和发展有利于加快改造传统动能，提升全要素生产率，推动新旧动能接续转换，并逐渐成为整个国民经济发展的主引擎。

（3）数字经济能够提升全要素生产率，优化资源配置，提高经济发展方式转变的速度和效率。数字经济能够降低资源能源消耗，促进技术流、信息流和物资流等方面的综合发展，帮助我国经济社会向低碳绿色高效的集约发展模式迈进。在产业结构优化方面，数字经济全面助力供给侧结构性改革和需求侧管理，以数据为驱动、技术为牵引不断推动生产要素从低效益领域向高效益领域转移，促进供求关系的动态平衡、产业结构的持续优化，推动产业加速迈向高端化、智能化、绿色化。在推动发展动力转换方面，数字经济作为发展最迅速、创新最活跃、辐射带动作用最强的领域，日益成为推动我国各行业全面快速高效发展的关键动力。

（4）数字产业化的快速发展不仅能够为经济发展提质增效，还能对传统产业起到经济倍增作用。一方面，5G 网络、云计算、大数据和人工智能等新一代信息通信进入应用爆发阶段，其创新红利将持续释放。目前数字经济已覆盖 41 个国民经济大类，随着其在经济社会各行业各领域的全面渗透应用，将引发生产组织模式、价值创造模式等的全方位重构，不断催生数字化新模式、新业态，为工业及其他行业数字化发展向更高水平迈进提供坚实支撑和现实路径。另一方面，我国是数据资源大国，未来随着算力、算法等水平不断提升，不仅数据价值挖掘能力不断增强，还将通过推动海量数据与传统生产要素的深度交融，提升对现有资源的利用效率，提高企业的研发能力和产出能力，促使资源之间的交汇融合发展，为数字经济发展提供源源不断的动力。

（5）产业数字化作为技术与产业的融合发展部分，能持续拓展经济社会发展新空间。当前以工业互联网为关键依托的第四次工业革命蓬勃发展，推动全球产业数字化进程加速，将有助于打造形成具有国际竞争力的产业集群，增加经济增长后劲、韧劲。一方面，工业数字化将持续释放红利。工业是数字化转型的主战场，相比于服务业有着更长的产业链条和更丰富的应用场景，通过工业互联网加速数字化、网络化、智能化发展，可释放出更大的外溢效应、乘数效应，为数字经济带来更广阔的成长空间。另一方面，服务业数字化升级将拓展广阔的新兴市场。数字技术与服务业的融合创新，已催生出平台经济、共享经济等新产业新模式新业态，还将引领、扩大和创造新消费需求。

当前，大力发展数字经济已成为社会基本共识。中央层面持续开展数字化转型战略部署，各地政府如北京要建成全球数字经济标杆城市、浙江要全面推进数字化改革、上海要加快打造具有世界影响力的国际数字之都、福建要打造数字应用第一省、广东要把粤港澳大湾区打造成为全球数字经济发展高地等，均强调大力发展数字经济，把发展数字经济作为推动当地经济发展的重中之重。随着各省市数字经济的深化发展，相信其在加速国民经济发展质量变革、效率变革、动力变革方面的关键作用将更加凸显。

第二节　数字经济发展的基础

人类的历史，是一部不断提升能量转化效率的历史，是一部不断提高信息密度的历史。用更少的能源，通过更高效的信息传播，创造更大的经济价值。简单来看，前两次工业革命主要提升了能量转化效率。第三次科技革命则提升了信息的传播效率。20 世纪 40 年代中期发明了计算机并投入使用，加上互联网的繁荣使工作方式和信息传播的效率大幅度提升。

一、计算机的发明是人类智力的延伸

电子计算机诞生（20 世纪 40~60 年代）。电子计算机的诞生标志着数字经济时代正式开始。早期计算机的硬件经历了从电子管到晶体管再到集成电路的演进，软件也经历了从机器、汇编语言到标准化程序设计语言和人机会话式的BASIC 语言的发展。总体上，电子计算机在这个阶段完成了体积缩小、价格下降、计算速度提高等进化。

个人电脑时代（20 世纪 70~90 年代）。集成电路的推广和使用，使计算机更加轻便，个人电脑慢慢开始出现并在商业领域和居民生活中广泛运用。这一阶段，个人电脑硬件向着便携式演进，半导体芯片领域快速发展，而软件则在

编程语言、操作系统、数据库等方面有诸多创新。

二、互联网的出现使人类交换信息不受时空限制

互联网的发明和普及应用，使人类交换信息不仅不受时间和空间的限制，彻底颠覆了"中央复杂，末端简单"的信息传播规律传统，还可利用互联网收集、加工、存储、处理、控制信息。计算机的发明是人类智力的延伸，互联网的发明是人类智慧的延伸。人类大脑的信息处理方式，采用的是最少够用原则，生存是其第一目的，而不是学习。因此，当信息接收量与人脑初始功能背离时，就会产生注意力碎片化的现象。为了提高传播效率，数字信息的载体就成为关键的因素，这也隐含着人机的交互方式。技术的突破能使得信息数据以高频的方式出现在我们的生活中，同时伴随着更快的交换速度和更大的信息体量。

PC 互联网时代（20 世纪 90 年代中期到 21 世纪初）。伴随着个人电脑和网络技术的发展，网络经济开始腾飞。美国国防部 1969 年建立了阿帕网，之后逐渐形成了 NSFnet、万维网等主干网。直到 1993 年美国克林顿政府执政后推出"信息高速公路"战略，标志着计算机网络进入信息高速公路发展阶段。以此为开端，网络浏览器的开发、搜索服务、电子商务、网络硬件等领域都出现了突破性的创新，当下的诸多互联网巨头也是从那时开始起步。但是，由于个人计算机速度、存储规模和网速等客观限制，很多商业模式在彼时得不到有效支撑，最终导致了 2000 年科网泡沫的破灭。

移动互联网时代（21 世纪初至 2015 年左右）。随着科学技术的进步以及智能手机和互联网普及，社会进入了移动互联的时代，如网络购物、网络会议、视频通话和直播等。从 3G 到 4G 的移动通信技术快速升级，以 iPhone 为代表的智能手机取代传统手机，互联网企业平台化趋势越发明显，共享经济模式受到广泛关注，云计算于 2006 年最早提出，并开始引领 IT 技术的发展趋势。

互联网在中国发展至今，已经完成了信息线上化、商品线上化、绿色金融线上化、部分服务线上化。未来更多的商业行为还将在线化。而这会不可避免地影响到传统的商业行为。举例来说，在中国，每年有数以亿计的患者病历产生，这些病历过去都需要打印并存储在纸质文件中，然后通过物流服务进行转运和存档。而采用电子病历系统，将病历信息进行数字化存储和传输，庞大

的"纸张"实现了电子化。根据行业的信息，使用电子病历可以实现自动化存储和检索，降低了人工操作的成本和错误率，医疗机构每年可以节省大量的打印、存储和运输成本。

三、大数据成为撬动新一轮技术与产业革命的"支点"

21世纪初，有经济组织和学者预测大数据将会成为人类社会快速发展的一种重要的战略性与基础性的经济资产和资源。

传统的科学技术给人类带来的变化基本都是物理性的，如实时资讯、全球定位系统、汽车等。但大数据技术使人类的分析、判断和决策思维效率发生了翻天覆地的变化。人工智能、物联网和共享经济等因素相互叠加和联通后，引起了商业行为、生活方式、商业模式和管理效率等的巨大变化。

随着云计算、物联网和"互联网+"的快速发展以及工业4.0时代的到来，超大量、随时随地产生的数据呈现几何式增长势头，据估计，到2035年，这一数字将达到2142ZB，全球数据量即将迎来更大规模的爆发。在线数据的比重持续增长，数据源和数据结构趋于多样化以及复杂化，这给实现经济高质量发展和可持续发展带来新的机会。大数据技术的应用以及日益普及，如图像数据和机器学习数据等，已成为撬动新一轮技术与产业革命的"支点"，所有的生产生活都可以被及时、快速、便捷地数字化，数据可以被重复不断地加工使用形成新的使用价值和价值增值，进而能够实现资源产业化、商业化以及市场化交易。

总之，通过数字化所获得的数据，是人类第一次可以摆脱大自然惠赐的要素资源（如土地、矿产、水、林草等）而主动获得的一种新的特殊要素资源。追求数字资源的质量和数量，提升其开发利用水平和市场配置效率效益，是数字经济时代必须要做的事情。否则，就不会有真正的数字经济发展。

四、人工智能是对人类能力的重要补充

从历史角度看，人工智能技术是人类数字化技术的长河中的重要一步，同时也是必然的一步。

人工智能是新型数字生产力。人类每一次生产力的突破都与技术进步息息相关，我们不是生活在人工智能的黄金时代，但我们生活在人工智能提高生产力的黄金时代。人工智能与其他数字技术的交互交融，构建了新型基础设

施。人工智能具有很强的溢出带动效应，能带动其他技术领域的创新、生产变革和经济增长。

人工智能带来的改变有两个关键点：一个是智能体系的核心结构发生了根本改变，机器可以像人一样自主学习，自主发明知识；另一个是机器一旦能大规模发明知识，所有科技的、社会的和经济的领域都会重写一遍。

人工智能是对人类能力的重要补充。人与动物最本质的区别在于制造并使用工具。人类的发展历史，就是不断创造并使用新工具，征服自然界动物和环境，并最终成为地球的主宰者的历史。从原始的石器、棍棒，到青铜器、铁器，再到计算机、手机，人类借助工具拓展了自身的体力、计算能力和征服自然的能力。人类应该将 AI 看作一种增强能力，看作人类信息处理的合作伙伴。AI 有其他优势，如速度更快，处理信息更多等，人们可以利用它提高决策制定的能力。

要想理解人工智能等引领技术对人类的贡献，可以用"蜜蜂模型"解释。我国蜜蜂市场每年盈利不到 100 亿元，但蜜蜂的机制不是生产蜂蜜而是传粉，如果没有蜜蜂传粉，水果蔬菜将大大减产，蜜蜂对农业有不可替代的重大贡献。人工智能对其他产业的作用如同蜜蜂对各种农作物的作用一样。

未来的 AI 需求，就像现在电力一样无所不在，无处不在。对于经济发展来说，它的一个重要指标是 AI 算力如何供给，如何普惠，如何支撑地方的经济、产业和创新升级。

未来所有的数据中心，都将向人工智能数据中心演进，所有的算力都会成为 AI 算力，所有的服务器都会变成 AI 服务器，当 AI 的算力得到极大的普及，甚至取之不尽，用之不竭时，人工智能就真正成为了世界经济发展的"源泉"。

第三节　数字经济的不同发展阶段

一、信息社会与后工业经济

信息化社会是 20 世纪 80 年代以后达成的共识，日本提出了第五代计算机计划，90 年代初，美国提出了信息高速公路计划，都已经把信息化社会作为发展的目标；2006 年，联合国经过商议后将 5 月 17 日确立为"世界信息社会日"，标志着人类社会正式步入信息社会。

丹尼尔·贝尔堪称 20 世纪西方的一位伟大思想家，他在自己研究的领域对人类社会走向进行了总体的把握和预测。他在《后工业社会的来临》一书中对人类社会的预测基本都已经实现或发生。他认为在后工业化时代，服务业将成为人类发展的主要行业，农业或制造业的比重将会降低和减少，服务经济将会成为主流。

随着人类社会的发展，工业社会后期出现了严重的贫富差距扩大、生态环境恶化、资源不足等一系列问题，使人类社会不得不重新思考自己的发展方式，而信息社会正好符合和适应人类社会发展的新需求。以通信和互联网等为基础的现代信息技术迅速发展，不断向其他产业以及社会领域渗透和扩散，使经济与社会发展的模式发生了重大变化，改变了人类社会的生产力结构和生产生活方式。

信息社会是人类社会发展到一定时期的新的社会类型和必然趋势，也是信息技术革命与人类社会需求变化自然耦合的结果。信息社会要求经济社会发展以人为本，知识型经济和数字化生活等是其基本特征，信息社会主张建立一个和谐、开放、包容和可持续的良好社会。信息化社会导向制造业越来越细的行业分工，是全球化根本原因。信息化社会导向消费端越来越复杂的产品组合。供给端与消费端的诉求越来越背离。随着大规模生产的深入，人们突然发现无论是对于福特的规模制造，还是对于丰田的精益制造，传统经济的驱动因素已经失灵：福特本身已经解体，被意大利的菲亚特收购；丰田也步履维艰，曾经的零缺陷产品变成了召回最多的产品之一。仔细分析，我们突然发现，原来人们对汽车的定义发生了变化，原来汽车只是一个交通运输的工具，现在汽车除了满足传统的交通工具的需求，还可作为娱乐终端等，汽车逐渐变成了新的互联网信息节点，成为我们获取信息的途径之一。在汽车产品需求曲线的贡献率上，我们几乎看不到对物理产品需求的增加，而对善解人意等信息产品的需求却大幅度增加。从需求端出发，我们的经济发展形态产生了根本性的变革，我们已经进入信息经济时代。我们必须找到企业发展的新动能，建立新经济的生态系统。

中国当前在全球的坐标定位是全产业中低端制造业，这是由中国独特人口结构、体量决定的。2035 年前后，中国会变成高、中、低制造业全球工厂，其中中档制造规模可能最大。在数字经济和工业 4.0 发展的过程中，智能化是实现智能社会的过程，它和以往社会变革的一个最大的区别在于：以往的技术变革是为人类提供更好的工作手段，主要是在体力上强化人或替代人，而智能化是在某些方面超越人的体力和智力的设备并大量地替代人。2035年前后，借助智能化和高端制造，中国将进入一个全新的社会形态和新的社会发展阶段。

二、信息化经济与网络经济

信息化和网络化、线上化貌似同义，其实有很大区别。如果一个公司的业务是在线下完成的，最后录入到公司的信息系统里存储起来，那只能叫信息化。如果一个公司的业务完全是通过线上开展的，从消费者和客户了解公司产品，到注册付款等流程都是线上实时互动进行的，这才是真正的数字化。

信息技术只是信息时代的基础，是生产力，而信息社会讨论的是生产关系，是社会制度。托夫勒在写《第三次浪潮》的时候已经意识到，生产力的发展会带来社会制度深刻的变革，但他只提出了一系列的问题和假设，并没有给出明确的答案。

数字经济最早的形态是互联网。20世纪90年代，当互联网从美国传到中国的时候，就给我们展示了乌托邦一样的未来网络世界，一大批从美国硅谷留学回来的学子成为中国互联网的先驱。在1999年科技泡沫破灭后，互联网热遭遇第一次打击，人们预见的互联网乌托邦没有浪漫地出现。所有触网的中国上市公司都发展不顺，能够存活的只是一些系统集成公司、互联网软件公司和门户网站。当时有新浪、搜狐、网易等门户网站，实际上就是把数字技术和传播媒体结合起来了。无数的行业网站最后都没有找到生存的逻辑，纷纷消失。数字技术还没有达到和经济深度融合的程度。

当前消费互联网继续发展的同时，产业互联网也在蓬勃兴起。从2000年到现在，互联网发展的三个阶段也是理解技术概念发展的阶段。第一个阶段，通过网络将现实当中的媒体信息包括商业信息，通过社交、电商、数字内容扩散出来，在这一过程中，实体行业被颠覆是由于信息不对称被慢慢解决，媒体的内容渐渐变得中心化，大众的注意力从传统经济延伸到了新经济体中；第二个阶段，核心在于数字经济、智能经济不再仅存于网络空间，而与实体经济发生了深度的互动，使很多原有的产业经济要素重新被配置，从信息层面重新得到规模上、质量上的重塑，从这个角度来说，新经济不再仅仅满足于自身的空间，而是与现实经济进行了互动，这也是数字孪生概念的本质，也就是通过数字、智能化的方法，将现实世界抽象模拟拟合出一个信息空间，然后完成一些更加复杂的经济活动；第三个阶段，随着大数据、人工智能、智能机器的发展，原来消费经济中沉淀的技术，慢慢落实到实体产业中，正因为这过程的产生，信息化和网络化的世界不再仅存于传统的互联网空间中，而是扩散到了实体经济中，所以，现在越来越关注所谓实体行业如何赋能，如何建立工业互联网，如何通过产业互联网的模型推动原来产业生产关系的重塑等概念。

三、从数据经济到智能经济

（一）数据经济是要素变革

人类每一次生产力的突破都与技术进步息息相关，一方面，更高效率的能源利用方式的实现，从火到动物油脂、从煤到石油、从今天的裂变原子能利用到我们可展望的可控核聚变技术。另一方面，技术手段的突破，从以蒸汽机为代表的第一次工业革命到电气化和自动化，一直到今天的智能化和全球互联，生产力水平达到了历史的巅峰。

数字经济的重要特征在于要素变革。数据是数字经济的关键生产要素，数据流引领技术流、物质流、资金流、人才流，促进资源配置优化和全要素生产率提升。与工业经济相比，围绕数据资源的采集、存储、流通和利用等成为数字经济下企业价值创造的新来源。随着万物互联时代的到来，数据资源进一步呈几何级数增长，如何对数据资源进行有效的利用和保护，成为释放数字经济红利的关键。然而，数据资源利用在带来价值创造的同时，也引发了数据泄露、隐私安全、跨境流动等问题。如何有效地制定数据相关规则，在数据利用与安全保障间寻求平衡，是当前全球数字经济面临的共同挑战。

在数字经济时代，大数据可以大幅提升人类认识和改造世界的能力，帮助企业掌控和分析全流程、全产业链和全样本信息，提升治理效率、重构治理模式。数据成为21世纪一个国家提升综合竞争力和国力的又一新的关键资源，如果我们放弃了数据，就相当于放弃了石油。可见大数据对于国家、企业和个人而言显得非常重要，"得数据者得天下"已经成为全球共识。

大数据能使我们的工作更加精确和快速，提升工作效率，不仅能帮助个体快速查找信息，也能帮助信息迅速寻找到相对应的个体。而且大数据使电子商务更智能，如缩短付款周期，提高贸易支付的安全性，降低货物周转成本。

（二）智能经济是拉动全球经济重新向上的核心引擎

智能经济的核心是人工智能，是数字经济发展的新阶段，是人类社会发展到一定阶段的必然结果，能够提供更高品质的产品和服务，使生产生活变得更加高效和智能，更是现阶段拉动经济增长的核心引擎。智能化正在将我们的社会改造成智能社会，会给全球经济带来新的活力。我们进入信息社会的时间并不长，它是以计算机和互联网作为信息处理手段的，今天的社会已经被信息化。智能化并不是在原有的层面上继续以往的信息化，而是以具有对信息数据更高层次的传输、处理、运用能力的设施为基础，对经济社会进行的一个全面改造升级的过程。智能社会并不是我们刚刚适应的信息社会，而是后者的一个新的阶段。当然，这个阶段严格来说仍然是信息社会，但它们已经不是一回事了，就如同使用铁器的农耕社会仍然是自然经济社会，但它和青铜器时代的社会已经有了本质上的区别。

智能经济是数字经济在经历了个人电脑的发明与普及、个人电脑的互联网以及移动互联网这三个阶段后形成的新的经济形态。互联网的发展将大家带入了大数据的时代，而智能经济是大数据时代的新的阶段，能够促进经济社会的数字化转型，推动人类社会的发展速度。人工智能与大数据一样，对社会经济起到赋能的作用，能帮助人类以新的思维和新的手段感知、认知、分析和预测这个世界。德鲁克曾说，"新的陌生时代已经明确到来，而我们曾经很熟悉的现代世界已经成为与现实无关的过往"。大数据的核心价值是预测，关键是如何最佳地挖掘和使用高价值的数据。

大数据的关键是使用数学算法自动搜索出其中有价值的信号和模式，通过分析相互关联的所有数据把其变成"智能数据"，这种能力被称为人工智能，是大数据的核心。另外，大数据还可以通过信息变换，优化物理世界的物质和能量运动以及居民的生产消费活动，预测事情将要发生的概率，进而做出准确的判断。

什么样的数据是有价值的？搜狗CTO杨洪涛将数据比喻成水和电，认为人工智能发展到现阶段，所有类型的数据在未来都是进步的驱动力。他用搜狗的内部产品举例：2011年启动的语音识别系统，就是通过收集、标注搜狗输入法大量的数据，建立算法，在输入法的用户土壤上解决的问题。可以说，目前在AI的很多场景中我们还不知道问题是什么，只有我们拥有充足数据后才有机会解决问题。

对于人工智能这艘火箭，算法是引擎，数据是燃料。当行业日渐开放，越来越多的算法选择了开源，此时数据便成为影响人工智能成败的关键点。丰富、多维度的情景化数据使人工智能更多、更深地被应用起来，而人工智能的深度应用，又产生了更加海量、精准、高质量的面向情景的数据，为模型的进一步优化提供了条件。

从人类发展角度来说，人类从最早的狩猎经济，发展到农耕经济，再到三次工业革命，以及整个社会从工业经济走向数字经济和互联网经济。随着AlphaGo战胜李世石，人工智能、大数据、云计算、区块链等技术进入大众视野，这时又提出了一个新的经济范式即智能经济。智能经济是面向未来的预测或推测，是在互联网经济和数字经济基础上进行的演进，将带来很大的范式变革，其中孕育着很多产业机会。

人与动物最本质的区别在于会制造并使用工具。人类的发展历史，就是不断创造并使用新工具，征服自然界动物和环境，并最终成为地球的主宰者的历史。从原始的石器、棍棒，到青铜器、铁器，再到计算机、手机，人类借助工具拓展了自身的体力、计算能力和征服自然的能力。

人类应该将AI看作一种增强能力，看作人类信息处理的合作伙伴。AI有其他优势，如速度更快，处理信息更多，保留时间更久，内存更大等，人们可以利用它增加自己决策制定的能力和大脑的能力，而不用换一个大脑。

人类和AI协作，前者的领导能力、团队合作、创造力和社交技巧，后者的响应速度、规模扩展性和量化能力，彼此的互补优势被积极地增强了。如微软的个人虚拟助理Cortana，它可以进行会议记录并通过语音形式发送给无法到场的参会人员。

未来五年，会思考的计算机程序将能够读取法律文件，提供医疗建议。未来十年，它们将执行流水线工作，甚至成为必备品。再之后数十年，它们能够做几乎所有事情，包括提出新的科学发现，进而拓展人类对"everything"的定义。技术革命将创造惊人的财富。一旦AI"加入劳动力市场"，多种劳动力的价格将下跌并趋近于零；对于未来，我们相信，人工智能和大数据将会共同发展，给人类带来更加智能的生活。

（三）对人类来说智能比火和电更有意义

从劳动生产力的历史来看，从1801年左右，工业革命开始到今天，变化是翻天覆地的。短短两百年的时间，一切都变了。

工业革命给人类带来了前所未有的变化，如果反映到劳动生产率上，人均劳动生产率在过去仅仅两百年左右的时间里提升了10倍，要知道在之前将近3000年的时间里，劳动生产率几乎没有什么改变。

很多时候我们会思考，为什么会这样？人类能有今天的进步，主要是人类的劳动形式发生了根本性变化。不同的劳动形式效率是不一样的，在工业革命前，人类改造世界基本都是靠体力，效率非常低下，而工业革命用能源加机械替代了人的体能。

工业革命之后，人类改造世界不再靠体力，而靠技能，劳动力发生了巨大的变化。我们可以认为在农业社会，务农的人占到社会总劳动力的90%以上。但工业社会后，从全球范围看，农业占全球GDP的比例是3%左右，在美国，农业GDP占比百分之零点几。同时，务农人口占比也降至百分之一点几。

现代社会劳动力约有90%是从事技能劳动的，无论是司机、厨师还是服务人员，都是依靠技能进行劳动的。随着智能革命的不断深入，会替代掉几乎所有的技能劳动，进而逼人类创新。

数智化的最终意义是把最富创造力的人从低价值的重复劳动中脱离出来，进行更加智慧，更加具备创造力的交流、思考、发现和创新活动。

我们不是生活在人工智能的黄金时代，但我们生活在人工智能提高生产力的黄金时代。

人工智能通过构建新型基础设施产生很强的溢出带动效应，与其他数字技术的交互交融能带动其他技术领域的创新、生产变革和经济增长，从而促进新一轮科技革命和产业革命的快速推进和发展。

第四节　数字经济文化探源

经济活动有三个体系：

第一，以政府为中心的经济体系，核心是政府在经济中起到主导与中心的作用。

第二，以企业或市场为核心的经济体系。核心是以企业为中心，赋予市场自由，某种意义上也等于赋予企业自由，企业体系等于市场体系。在20世纪80年代西方的经济体系中，撒切尔政府在前两年与工会的对抗中失败了，后来煤炭工人选择罢工，走自由主义的路线，这就是以企业为中心的自由化过程。

第三，以个人为中心的经济体系。这里的个人不是抽象的个人，而是具体的每个人。数字经济时代到来，个人成为经济活动的中心。

在工业化时代，供给很重要，按照萨依定律，是供给创造需求，即所有的经济问题都可以通过供给解决。需求可以通过供给来创造，如可以生产更多、更便宜、更个性化、更有科技含量等的物品。只要你做到了，就很容易解决需求问题。

在数字经济时代，数字经济主要改变的是需求端，而不是供给端。这是经济形态的变化需求。在数字经济时代，整个经济体系的总动能和前进方向不是供给方向，而是需求方向。社会经济体系的主要矛盾也是在需求方向，而不是在供给方向。

在手工业时代，由于物资匮乏，大规模制造难以实现，存在小批量的生产方式，进入工业化社会后，大规模生产是以标准化为前提，大规模生产与个性化定制是矛盾的，忠实于客户需求的定制逐渐走向了高端化，成为少数人的特权。在后工业社会和信息社会到来后，随着人们消费水平的提高和消费观念的升级，越来越多消费者不再满足于千篇一律的工业流水线制式。高端定制令人神往的独一无二、上乘材质、精湛手工和专属设计师背后，往往是令人却步的高昂价格。

大规模定制可以把大规模生产和定制生产有机地结合起来，用"以需定产"的方式满足顾客的需求，这样不仅能够提高企业的经济效益和降低生产成本，还能满足消费者的个性化需求。

美国学者科斯用交易成本理论解释和论述了企业的本质，认为企业机制是由专业分工和市场价格机能的相互运作而形成的。但是，这样形成的企业机制成本相对偏高，而且不可能把消费者看成自己生产组织体内的一分子。直到今天仍然大行其道的企业管理理论和实践，都不会把消费者看成生产力和生产关系的一部分。

而信息技术毫无疑问已经解构了这样的传统经济基础，自20世纪80年代以来，信息技术在企业中的广泛应用已经逐渐让信息资源取代人成为生产力中最革命、最活跃的因素，特别是近二十年，互联网事实上已经成为新产业革命的温床，大数据成为改造传统生产关系的手术刀，而大数据能发挥改造旧社会、建构新世界有力武器的原因，正是在于互联网的广大消费者的参与和推动。今天互联网上流转的大量数据，正是广大消费者贡献出来的，代表消费者的点评和口碑比企业广告有更大的话语权，这种从 B2C 到 C2B 的经济话语权逆转，让更多消费者能并且热衷于参与所需要产品的生产活动，成为生产力和生产关系中需要考虑的因素，而这种因素恰恰能通过在互联网中所流转的信息资源——大数据表现出来。

让生产活动回归到围绕消费需求来组织商业源头，则信息资源是推动供需融合的黏合剂，当基于信息的按需生产成为常态，信息资源就能直接转变成商业能量。大数据革命已经在进行，而今天企业组织的数字化转型工作不但迫在眉睫，而且越来越生死攸关。

第五节　数字经济对经济社会发展的影响

一、数字经济的生产关系构建

漫漫历史长河中，人类社会每次跨入一个新的发展时期，必定由一种生产力的大突破来引领。相应地，慢慢地演化出一个新的人际相处模式与之适应，进而产生新型的生产关系。

当今社会正在经历全球性的第四次工业革命，即在今天和平发展和人类命运共同体的理念下，通过包括大数据人工智能等在内的科技推动，从解构原有生产关系、促进生产力发展的角度重新建构新的生产关系。我们要理解，大数据是一场革命，而社会革命的最深刻的根源在于生产力和生产关系之间的矛盾。

今天，人类又一次面临着一次巨变。蓬勃发展的人工智能代表着新的生产力，慢慢浮出水面的区块链技术正在帮助铸就新型的生产关系。不能认识到这一点的人，就很容易在这个时代发展的十字路口迷失方向。如果选择正确，一个崭新的人际关系，各族群人类间相处的新格局有望被塑造，人类也能得以大踏步前进和进化。

人性的弱点之一是对不熟悉的人缺乏信任，这也是银行、中介机构存在和盈利的合法性基础。以区块链为基础的机器信任，并不依赖人的道德水准，也无须第三方中介机构的背书，而是由区块链技术本身的特点保障的。一笔交易一旦达成，全世界都可以看到，来龙去脉一清二楚，任何试图篡改的行为所付出的代价将远远大于作恶本身的成本。

（1）大数据是生产要素，是生产工具，具有鲜明的资源属性和价值。同时大数据已成为改造传统生产关系的手术刀。在今天和平发展和人类命运共同体的理念下，通过包括大数据人工智能等在内的科技推动，从解构原有生产关系、促进生产力发展的角度重新建构新的生产关系。

（2）人工智能是新型数字生产力。人类每一次生产力的突破都与技术进步息息相关，我们不是生活在人工智能的黄金时代，但我们生活在人工智能提高生产力的黄金时代。人工智能与其他数字技术的交互交融，构建了新型基础设施。人工智能具有很强的溢出带动效应，能带动其他技术领域的创新、生产变革和经济增长。

（3）区块链是生产关系，是数智时代数据资产互信流通的核心支撑。人性的弱点之一是对不熟悉的人缺乏信任，以区块链为基础的机器信任，并不依赖人的道德水准，也无须第三方中介机构的背书，而由区块链技术本身的特点保障。

黄仁宇曾在《万历十五年》等著作中提及"数目字管理"概念，实际上是数字经济的雏形。所谓"数目字管理"，指整个社会资源均可如实计算，整合进一个记录系统，可以自由流动和交换。黄仁宇在《黄河青山》中指出，"如果社会可以接受财产权绝对且至高无上，一切就可以加加减减，可以继承、转移及交付信托。因此，物质生活的所有层面，无论是私人还是公共，就可以在数字上处理。财富的可交换性利于财富的累积，创造出动态的环境"。

生产力决定生产关系，生产关系反作用于生产力，这既是两者的辩证关系，也是人类社会发展的客观规律。面对数字经济催生的革命性、系统性和全局性变革，我们应深刻把握数字经济的发展大势。

哲学家们只是用不同方式解释世界，而问题在于改变世界。如果说现代市场经济的本质是信用经济，那么现代社会本身应该是信用社会。越来越多的人认识到了区块链应用的重要性。基于区块链的应用从最初的绿色金融，到智能合同再到智能社会都有意想不到的应用。如果这一切终究成为现实，我们的社会将成为人类历史上最智能、最有效率的社会形态。

二、数字经济的时空重构机理

（一）数字经济突破时空界限，提升经济效率

所有的经济发展形式都必须以时空为载体，当时空受到影响导致不顺畅

时，经济的发展势必会在一定程度上受到影响和制约。因此，为了提高经济运行的连续性和效率，我们必须推动新技术和时空的有效衔接和结合，提高其耦合性。

数字经济的发展打破了时空和产业在地理位置上的局限，逐步改变了传统资源配置的模式，缩短了各种资源的地理界线，加强了各种资源之间的协调。特别是在新冠肺炎疫情期间，数字经济为防控疫情、保障经济社会各方面有效运转提供了有力支撑。如以 4G、5G 为代表的数字基础设施；以"无接触配送"服务、直播教学为代表的新模式新业态，以人工智能为代表的新一代信息技术等，都提供了不竭动力。

数字经济对老百姓的生活、对社会的经济效率产生了巨大影响。比如远程办公，随着数字技术的应用不断普及，越来越多的知识工作者倾向于不在固定的场所办公，在这种背景下，劳动者和企业之间的关系逐渐解耦，变得越来越松散，有些劳动者甚至可能不止为一家企业工作。这会带来很多好处，比如很多专业人士，以前服务于这家企业时就不能服务于另一家，而未来，可能会有很多企业都能得到他的帮助，能够更加充分地释放高素质劳动者的生产力。

（二）跨越时空，人类进入高效协同时代

"双 11"不仅是机器智能的大规模应用以及社会化大协同，也是人类历史上最大规模的跨时空人机协同。大量智能机器人组成的"新物种"军团从挑选货品、导购推荐、客服到设计海报等渗透进天猫"双 11"全过程，协同完成"双 11"的各项任务。而且阿里巴巴的技术体现在机器和人的高效协同。在消费者的选品环节，阿里机器智能推荐系统在"双 11"当天为用户生成超过 567亿个不同的专属货架，像智能导购员一样，给消费者提供"亿人亿面"的个性化推荐。在菜鸟物流的配送中，通过对"双 11"物流全链路的智能分析提高递送效率，先进的机器人分仓，也让仓配运转效率超越人工运转的极限。

（三）智慧城市时空可视化

时空基础设施在智慧城市建设中承担着相当于"人体骨架"和部分"大脑"的功能，承载着各种各样的地理信息，与此同时负责与空间位置信息有关的集成、处理、分析与决策，如能够准确定位实时感知信息的物联网节点。

数据是人类活动的产物，大数据是包括人类活动在内的事物（现象）运动变化的产物。所有大数据都是在一定的时间和空间产生的，都有时间参照和空间参照两个基本特征。时空大数据是基于统一的时空基准，活动于时间和空间中与位置直接或间接相关联的大数据。这就是大数据时空观，大数据本质上都是"时空大数据"。时空大数据总共分为两类：一类是时空框架数据，另一类是时空变化数据，这两类融合在一起就构成了时空大数据。时空大数据平台会成为新型智慧城市的"大脑"。

哲学上有个基本原理，就是空间和时间构成了运动着的物质存在的两种基本形式，所以说空间和时间也是相互联系的。如为什么发生踩踏事件？就是一个时间空间的问题，什么时间什么样的空间能够容纳多少人，这是固定的。智慧城市要通过时空大数据解决城市智慧治理的问题。

城市是涉及自然、社会、经济和人文等各方面的复杂系统。而智慧城市是城市的数字化和智能化过程，是人的自然智能与计算机人工智能的深度融合的系统，由多个系统及其子系统组成，系统之间、子系统之间、系统与子系统之间有着密切的关系。

信息技术对经济和社会的影响是以指数方式发展的，如石器时代经历了数万年的演进，印刷术的推广耗费了一个世纪的时间，而移动网络上微信的普及只需几年的时间。按照这种理论逻辑推理，数字化信息技术是最近几年发明的新技术。因此，它的推广速度和影响力必然大于几百年前发明的电力、冶炼等传统技术。美国学者塞萨尔·伊达尔戈在《增长的本质》一书中指出，经济增长的本质是信息的增长。信息技术和数字经济的巨大威力，很大程度上来自数字经济的时空重构，这种时空重构大大提升了社会的协同效率，极大地降低了交易成本，能够更加充分地释放社会生产力。

三、数字经济——新实体经济

关于数字经济的讨论中，一个常常出现的争论就是，数字经济是否是"实体经济"。尽管数字经济中的数字容易使人联想到"虚拟经济"，但如果我们从电力、IT 技术的角度来理解数字经济，那么，我们会发现，"数字"代表的是数字技术，是通用技术，并非虚拟经济，数字经济其实是新实体经济。

在工业经济时代，随着电力的出现，一方面，基于电力的新的经济形式出现，工业生产方式和家庭生活方式都出现了重大的变革；另一方面，传统农业经济部门逐步引入了新的电力技术和基于电力的其他工具，从而提高了农业部门的生产率，支撑了农业劳动力向工业的转型，推动了城市化的进程。

与电力作用于工业经济时代类似，在数字经济时代，数字技术既会带来新的经济形态、新的财富生产方式，产生新的业态，又将为传统实体经济提供新的基础性技术，这些基础性技术将帮助传统实体经济提高效率、转变结构、优化资源配置，进一步推动劳动力向生产率更高的部门转移。

具体到中国，数字经济被中国政府重视，原因也是类似的。首先，数字经济是新的生产力、新的实体经济，是经济增长的新动能，将为中国经济提供新的增长方向；其次，数字经济能够推动经济结构优化调整，为中国实现转型升级、淘汰落后产能和僵尸企业、提高生产率做出贡献。

一个典型的数字经济对于经济社会发展的贡献如图 1-1 所示，数字经济在新增消费、创造就业、普惠绿色金融、激活生产力、重建信用体系方面做出了重要贡献：在新增消费方面，网络零售创造 39% 的新增消费，释放了很多中小城市的消费潜力；在创造就业方面，以阿里巴巴为例，其零售商业生态创造的就业机会超过 1500 万；在普惠绿色金融方面，以蚂蚁微贷为例，其累计服务小微企业超过 2000 万家。上述各项活动也激活了生产力，推动了互联网 + 各行各业，表现为多个环节的互联网化。以提升物流效率为例，2023 年"双 11"累计揽收快递包裹 77.67 亿件，而 2010 年全年包裹总量达 23.21 亿单，这一天的包裹量相当于 2010 年全中国 3.3 倍的量。另外，数字经济也帮助我们重建了信用体系，新的基于交易的信用体系，实现了网络信用服务的创新，创建了新型开放有效的信用评价体系，让每一个人拥有信用分，让信用等于财富。

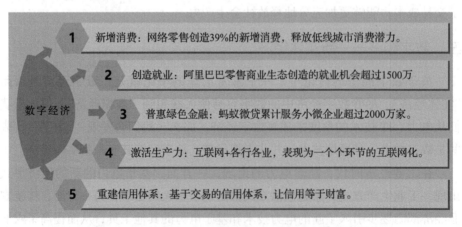

图 1-1 数字经济对经济社会发展的贡献（以中国为例）

对于将数字经济看作虚拟经济的观点，很多学者也在澄清。中国工程院院士、中国互联网协会理事长邬贺铨在 2016 年第三届互联网大会上就提出：数字经济的发展，不仅不会砸了传统经济的饭碗，相反它是传统实体经济的新机会，是全球治理的一个新机会。邬贺铨院士认为，人类经历了农业革命、工业革命，正在经历信息革命，以互联网为代表的信息革命带来生产力又一次质的飞跃。尤其是国际绿色金融危机以来，全球信息化进入全面渗透、跨界融合、加速创新和引领发展的新阶段。"数字经济时代的创新驱动比任何时候都更重要。"邬贺铨表示，数字经济是数字化的工业经济和农业经济，"因而数字经济也是实体经济"。

四、数字经济——新智能经济

每一次新的技术革命出现，对于经济活动的影响可以分为两部分：一部分是新的技术帮助提升原有产业的生产效率，使得原有经济中存量部分继续增长；另一部分是新的技术将产生新的经济形态，引发新的需求、新的产品和服务、新的商业模式和组织形式，这意味着经济活动新的增量部分。

如果说数字经济作为新实体经济，更加强调原有经济部门效率的提升，那么，数字经济作为新智能经济，则意味着经济活动中新的增量。

所谓新智能经济，指人工智能技术在整个经济活动中得到广泛应用的经济形态。

2023 年的政府工作报告提出要"全面实施战略性新兴产业发展规划，加快新材料、新能源、人工智能、集成电路、生物制药、第五代移动通信等技术研发和转化"，这是"人工智能"首次出现在政府工作报告中。

在 2017 年中国（深圳）工厂领袖峰会上，各大互联网公司负责人纷纷强调人工智能。百度总裁李彦宏表示，互联网现在其实只是一道"开胃菜"，真正的"主菜"是人工智能，人工智能不是互联网的一部分，不是互联网的第三个阶段，它是堪比工业革命的一次新的技术革命。人工智能是一个非常大的产业，会持续很长时间，未来 20~50 年都会是一个快速发展的人工智能的时期。在这种时代大潮下，显然不是一个公司就能够把所有的事情都做下来的。未来人和物、人和工具之间交流的方式，不是人去学习工具怎么使用，而应该是机器、工具去学习人的意图。以后人和机的对话以及人和物的对话会变成一种自然语言的对话，这是未来几十年可能代表人工智能发展的一个最大的方向。

科大讯飞董事长刘庆峰认为"未来 5~10 年，人工智能将像水和电一样无所不在，可以进入到教育、医疗、绿色金融、交通、智慧城市等几乎所有行业，一个全新的'人工智能+'时代正在到来""2016年是人工智能元年，2017年是人工智能应用年"。

阿里巴巴总裁马云强调，要让机器做人做不好的事情。他认为，未来二三十年我们要思考如何用好机器。让机器做人做得好的事情只会让人越来越沮丧，要让机器做人做不好的事情。过去一百年人类把人变成机器，未来一百年将会把机器变成人，这种人跟想象的人不一样。我们真正做的应该是让机器成为人最好的搭档，而不是对手。

只有这样才能让机器成为人的合伙人，而不是人被机器取代。可以说，数字经济的第二部分，即新智能经济的部分，将在经济活动中发挥越来越重要的作用，引领新的经济时代的到来！

第六节　小结

数字经济时代，信息技术不断展现出旺盛的活力，形成不同行业间相互融合的数字化生态体系，继续引领世界经济的发展。全球产业链重构，数据流的有效流动，离不开数字基础设施提供的有力支撑。世界版图，将以数据的流通与集聚，重新划分。为了有效应对数字经济时代出现的新挑战，我国提出要以5G网络、云计算和人工智能等技术为基础逐步形成以国内大循环为主体、国内国际双循环相互促进的新发展格局，加大数字化基础设施的建设和投入，促使其形成完整的体系。新基建是数字经济时代错位竞争的关键核心，基础设施建设具有所谓的"乘数效应"。借着"新基建"的东风，在急需领域，通过前瞻领域精心布局，形成雁阵效应，涌现一批"国之重器""镇国之宝"。

第二章　数字经济技术与基础设施

基础设施（Infrastructure），也称公共设施，是指为直接生产部门和人民生活提供共同条件和公共服务的设施，它是社会赖以生存发展的一般物质条件。

一个新的经济时代的到来，总是由其占主导地位的通用技术所驱动。在工业经济时代，占主导的"硬通技术"是电力、工厂等，信息时代则是互联网、电脑。

数字经济时代，前面提到的基础设施当然会继续发挥作用，但新的基础设施也将兴起。在已经或正在兴起的技术中，能够在数字经济时代发挥基础设施作用的通用技术至少包括大数据、云计算、人工智能、物联网、工业互联网、区块链、5G通信等，不同的基础设施都发挥着重要的作用。这里只介绍基本的大数据、物联网、云计算、人工智能和区块链。

第一节　大数据

大数据指日益增长、体量庞大、多样且复杂的海量数据。这些数据无法通过传统方式管理，但却是企业宝贵的资产。近年来，各大企业开始关注内部不断增长的数据资产，而这也将成为各大企业推进数字化转型的主要驱动力。

一、基于数据建立竞争优势

大数据的出现给许多行业带来了变化，尤其是商业。如今，大数据被各行各业广泛应用，如果企业能充分挖掘大数据蕴含的商业价值，就能更精准地判断用户需求，为其提供精准营销、差异化的产品或智能营销服务。大数据的商业价值主要体现在以下四个方面：

1. 个性化精准推荐

大量的用户数据可以通过智能分析算法为用户提供个性化推荐；在运营商内部，根据用户喜好推荐各类业务或应用是常见的，比如应用商店软件推荐、IPTV 视频节目推荐等，而通过关联算法、文本摘要抽取、情感分析等智能分析算法，可以将之延伸到商用化服务，利用数据挖掘技术帮助客户进行精准营销，今后盈利可以来自客户增值部分的分成。以日常的"垃圾短信"为例，信息并不都是"垃圾"，因为收到的人并不需要而被视为垃圾。对用户行为数据进行分析后，可以给需要的人发送需要的信息，这样"垃圾短信"就成为有价值的信息。在日本的麦当劳，用户在手机上下载优惠券，再去餐厅用运营商 DOCOMO 的手机钱包优惠支付。运营商和麦当劳收集相关消费信息，如经常买什么汉堡、去哪个店消费、消费频次多少，然后精准推送优惠券给用户。当企业足够了解用户后，还可以进行商业化延伸，实现营销推广的精准投放。这样既可以有效节约营销成本，还可以提高营销的精准度，优化投入产出比。

2. 精准对客户群体细分

大数据可以对顾客群体细分，然后对每个群体量体裁衣般地采取独特的行动。瞄准特定的顾客群体进行营销和服务是企业一直以来的追求。大量的用户数据可以极大降低用户数据的分析成本，使企业可以轻易根据用户的消费习惯、消费水平等对用户群体进行划分，用不同的服务方式服务不同的群体。同时，企业可以对不同用户进行更深层次的分析，从而增强用户黏性，降低用户流失率。

3. 加强部门间的联系

即使对于同一个用户，生产研发、宣传推广、售后处理等部门需要的数据分析结果也有不同。提高数据的利用效率及挖掘数据深度可以增强各部门之间的联系，实现数据共享，进而提高整个产业链的运作效率。

4. 模拟真实环境

运用大数据模拟实境，发掘新的需求和提高投入的回报率。企业可以通过数据模拟真实环境，从而满足用户更深层次的需求。现在越来越多的产品中都装有传感器，汽车和智能手机的普及使得可收集数据呈现爆炸性增长。Blog、Twitter、Facebook 和微博等社交网络也在产生着海量的数据。例如，深圳地铁 App 会通过实景模拟的方式预测站内客流量，为用户提供车站客流热力地图，帮助用户更好地制订出行计划。

大数据作为一种新型生产要素，已经成为企业宝贵的数据资产，它能助力企业创新、提升企业竞争力。只有抓住大数据的商业价值，企业才能精准把据数字化核心趋势，更好地推动企业的数字化转型。

二、应用大数据的 6 种"姿势"

大数据已经成为现代社会的关键资源，它的潜力和价值正在被越来越多的企业所发掘。然而，如何有效地应用大数据，却是许多企业面临的问题。

1. 指挥官式：数据驱动的决策制

企业将数据作为决策的核心。通过收集和分析各种数据，企业能够更准确地了解市场、客户和业务流程，从而做出更明智的决策。这就像是企业的指挥官，根据数据提供的情报制定战略，例如零售连锁企业市场扩张决策。一家零售连锁企业打算进入新的市场，为了做出明智的决策，它收集并分析了目标市场的消费者行为数据、竞争对手的销售数据、市场趋势等信息。这些数据帮助该企业确定了最佳的开店地点、产品组合和定价策略，从而成功进入新市场并实现了快速增长。

2. 望远镜式：客户洞察与个性化体验

企业利用大数据深入了解客户的需求和偏好，以便为他们提供个性化的产品和服务。这就像是通过望远镜观察客户，发现他们的兴趣和需求，从而定制出更符合他们期望的体验，例如在线视频平台的个性化推荐。一家在线视频平台通过分析用户的观看历史、搜索行为、评论和分享等信息，为用户提供个性化的视频推荐。这使得用户能够更容易地找到感兴趣的内容，提高了用户满意度和留存率。同时，这也为视频平台带来了更多的观看时长和广告收入。

3. 健身者式：优化运营与提高效率

企业利用大数据来优化运营流程、提高生产效率和降低成本。这就像是健身者通过精确的数据分析来制订训练计划，以达到最佳的身体状态，例如制造业的供应链优化。一家制造业企业利用大数据分析并优化其供应链管理。通过实时跟踪原材料、库存、生产和运输等数据，企业能够及时发现潜在的瓶颈和问题，并采取相应的措施进行调整。这不仅提高了生产效率和产品质量，还降低了库存成本和运输成本。

4. 探索者式：创新与产品开发

企业利用大数据发现新的市场机会、产品创意和业务模式。这就像是探索者在大海中寻找新大陆，通过数据分析发现潜在的商业价值和创新点，例如科技公司的新产品研发。一家科技公司通过分析市场趋势、用户需求、竞争对手的产品特点等数据，发现了一个新的产品机会。该公司利用这些数据指导新产品的研发过程，确保产品能够满足市场需求和用户期望。最终，这款新产品在市场上取得了巨大的成功，为公司带来了丰厚的利润。

5. 守门员式：风险管理与预测

企业利用大数据识别潜在的风险和威胁，以便及时采取应对措施。这就像是守门员在比赛中时刻准备防守，通过数据分析来预测和应对可能出现的风险，例如绿色金融机构的信贷风险评估。一家绿色金融机构利用大数据分析来评估信贷风险。通过分析借款人的信用历史、财务状况、行业趋势等数据，该机构能够更准确地预测借款人的还款能力和违约风险。这帮助该机构制定了更合理的信贷政策，降低了坏账率，提高了资产质量。

6. 商人式：数据资产的货币化

企业将数据作为一种资产来管理和利用，通过数据销售、租赁或共享来获取额外的收入。这就像是商人通过交易数据创造价值，将数据转化为企业的利润来源，例如电信运营商的数据销售。电信运营商拥有大量的用户数据，包括消费习惯、地理位置、社交网络等。该运营商将这些数据进行匿名化处理并出售给第三方机构，用于市场调研、广告投放等目的。通过数据销售，该运营商不仅增加了收入来源，还与其他企业建立了合作关系，实现了数据资产的最大化利用。

这些实例展示了企业在应用大数据时的具体做法和效果，体现了大数据在企业运营和决策中的重要作用。有了大数据分析，企业就能预测什么时候销售、什么时候生产、生产多少，甚至可以预测企业购买库存的最佳时间、需要保留多少库存等，大大降低了现金流风险等。

第二节　物联网

物联网与人们的生活越来越密切，如智能门锁、智能窗帘、可穿戴设备等。万物互联是未来的一种发展趋势。设备联网是企业数字化转型的重要一步，它能消除企业内部的信息孤岛，增加各环节的协作能力，让企业效率更高。

一、物联网助力资源的整合与共享

物联网的出现让生活中原本彼此割裂的物品、设备，通过互联网串联，实现了互联互通。随着物联网技术的普及，原本闲置的资源被重新整合、共享，人们的生活更便利、更完善，如同电影中的场景也将在日常生活中上演。

例如，早上出门前，可以通过手机提前打开车内的空调并调至舒适的温度。当我们走近车时，车会自动识别对象并发动引擎。说出目的地后，车会计算出最佳行车路线，然后自动驾驶到目的地。全程都是物品与物品的对话，不需要人的参与。

近年来，市场上可感应、可联网的数码产品越来越多，逐渐涵盖衣食住行等各领域。例如，智能烤箱和电饭煲能根据食材的种类、数量自动调节烹饪时间和温度，确保食物的营养和口感；冰箱的传感器，可监控内部温湿度变化；智能纺织品逐渐兴起，这些衣物内置了传感器和芯片，可以实时监测穿着者的身体状况，如心率、体温、运动量等，同时，它们还能与手机等智能设备连接，为穿着者提供个性化的穿着建议和健康管理方案。

物联网用创新思维带来了越来越多的产品和服务。人们不需要制作更多的新产品，只需要通过物联网将闲置资源串联起来进行活化，就可以满足更多的需求。例如，通过物联网技术，车主可以将自己的闲置车辆加入共享平台，通过平台将车辆出租给需要使用的用户，从而获得一定的收益，同时，用户也可以通过平台租用到需要的车辆，解决出行问题，避免了因购买车辆而带来的高昂成本和停车难等问题。

《零边际成本社会：一个物联网、合作共赢的新经济时代》作者杰里米·里夫金认为："以协力共享社群、共享价值为核心的社会，强调竞争、市占率的系统，更容易达到永续发展。"目前，国外很多国家都在运用物联网、群众募资等方式成立新能源企业，开发各种低价的迷你太阳能或风力发电机，除共享资源外，也让利润得以共享。

物联网将为企业开启新商机。未来，各种设备与物品都将实现自主"交流"。物联网不只是简单地把物与物连接起来，而是让生活进入全面感测化，实现各种资源的共享。

二、数字化转型需要物联网平台

截至 2023 年，全球连接设备数量估计超过 430 亿个，其中超过 10 亿个是 5G 设备连接数。这些设备包括车辆、家电、建筑物等，它们通过物联网连接并生成、共享、收集数据，以支持各种应用和服务。物联网平台连接数量超过 23 亿，有物联网连接设备数量估计超过 144 亿，并且这个数量在持续增长。这意味着，在不久的将来，物联网连接设备将超过传统连接设备，且随着 5G 技术的普及，联网的物联网设备会越来越多。物联网连接设备规模的日益扩大，对各行各业的发展意义重大，从智能家居到企业生产设备，无处不在的连接，让物联网平台成为企业数字化转型的必需品。

物联网平台是万物互联的基础，它能提供设备、连接、数据管理，但对平台本身有很高的要求。互联网数据中心（Internet Data Center，IDC）报告曾指出，随着物联网规模的扩大、通信方式的多元化发展、应用的丰富，越来越多的企业开始选择利用物联网平台提升物联网终端的管理效率。这让亚马逊、微软、百度、阿里巴巴、腾讯、华为等众多提供软件和平台的厂商成为最大受益者。

就我国市场来看，百度、阿里巴巴、腾讯、华为是主要厂商。在新基建的大背景下，企业正在如火如荼地进行数字化转型，这些主要厂商成为数字化与智能化转型的背后力量，物联网平台因此成为它们争夺的重地。这些厂商纷纷投入重金，利用自身的技术优势，助力全社会数字化转型升级。

腾讯是其中投入最多的厂商，未来将投入 5000 亿元用于新基建，而物联网就是核心方向之一。早在 2018 年，腾讯就开始布局物联网，为客户提供加速物联网建设的服务，逐步构建了一站式物联网开发平台。

腾讯基于物联网平台，建立了广泛的合作，为消费、工业等多个领域提供了物联网解决方案。在连接层面，腾讯在用户侧提供一整套消费者到企业（Customer to Business，C2B）开放平台服务，助力合作伙伴提升用户体验。另外，腾讯还开放了第三方行业应用承载入口，与更多物联网行业应用进一步融合，输出更多物联网解决方案。

整体来说，腾讯物联网平台通过聚合腾讯体系内多个生态资源，面向消费和产业两大赛道提供一体化服务，实现了多场景的物联网能力升级，助力更多产业实现了数字化转型。

伴随着新基建的发展，消费物联网和产业物联网将迎来快速发展期。未来几年，我国物联网平台市场将持续增长，物联网会成为信息科技产业的新风口。对于提供服务的厂商们来说，物联网平台这条赛道，竞争会越来越激烈。

三、海尔智能家居：数字化转型的共创

智能家居是数字化转型的重要应用之一，海尔智家是一家领先的智能家电厂商，其数字化转型案例值得借鉴。通过智能化的家居产品和云平台服务，海尔智家为用户提供智慧家居生活体验，同时实现了数据共享和应用拓展。

海尔智能家居是海尔集团在信息化时代推出的一个重要业务单元，它以U-home系统为平台，采用有线与无线网络相结合的方式，把所有设备通过信息传感设备与网络连接，从而实现了"家庭小网""社区中网""世界大网"的物物互联。

通过物联网，海尔智能家居实现了3C产品、智能家居系统、安防系统等的智能化识别、管理以及数字媒体信息的共享。这使得用户在世界的任何角落、任何时间，均可通过打电话、发短信、上网等方式与家中的电器设备互动。

海尔智能家居提供了丰富的产品和应用场景，如海尔智慧浴室的海尔健康抑菌横式电热水器和滚筒洗衣机，海尔智慧阳台的交互语音识别系统，以及全屋用水、全屋空气、全屋视听等解决方案。

全屋用水解决方案系统解决家庭的净水、热水、采暖三大需求，而全屋空气解决方案则通过物联网、传感器、云计算等智能技术，为用户打造一站式的温度、湿度、洁净度、清新度等健康舒适的空气环境。此外，全屋视听解决方案可以针对不同场景、不同需求提供定制化的解决方案。

总之，海尔智能家居通过物联网技术实现了家居设备的智能化和网络化，为用户提供了更加便捷、舒适、智能化的生活体验。同时，海尔智能家居也在不断探索和创新，以满足用户不断变化的需求，推动智能家居行业的发展。

在数字化转型共创的过程中，智能家居的作用不仅仅局限于家庭内部，它还与智慧城市、智慧社区等更大范围的数字化生态系统紧密相连。智能家居作为数字化转型的重要组成部分，为人们创造了更加智能、便捷、舒适和环保的生活环境。

第三节　云计算

一、云计算为什么成为基础设施

随着大数据、云计算的发展，整个互联网正在从信息经济向数字经济时

代演进。在数字经济时代，云计算成为核心的基础设施，而能最快拥抱云计算的开路先锋就会抢占核心竞争力的高地。

人类历史上的每一次科技革命，都分为科技创新、商业创新两个阶段，上半场变革是发明单体产品，实现某个新兴产业从"0"到"1"颠覆自身，下半场变革是新科技网络普及，帮助所有行业、所有地区应用新科技，加速从"1"到"N"，无论是铁路网络之于蒸汽机、电网之于发电机，还是公路网络之于汽车、互联网之于计算机，都是因为网络将全球最领先的科技能力输入千家万户，让每一个企业受益。

在数字经济时代，连接网络已经成为很普遍的事情。一个人无论在多远的地方，一个企业无论多么微小，都能够通过互联网调用全球最强大的计算能力以更好地生活和工作。如20世纪的电力一样，计算将成为未来一百年中取之不尽、用之不竭的通用公共服务，各行各业的数据经过计算深加工后，将产生不可限量的商业价值，云计算正在创造新的数字经济世界！阿里云前总裁胡晓明认为，"云计算成为普惠科技，数据驱动的创业变革已经发生"。

云计算成为基础设施的主要原因如下：

1. 公共云全面加快软硬件一体化发展，真正推动 IT 服务化进程

随着信息技术的飞速发展，云计算作为一种新兴的技术模式，正在全球范围内引发一场深刻的产业变革。作为云计算的重要组成部分，公共云以其强大的资源整合能力和高效的服务模式，正在全面加快软硬件一体化的发展步伐，从而真正推动了 IT 服务化的进程。

IT 服务化的趋势早在多年前就被业界所公认，SaaS（软件即服务）、PaaS（平台即服务）、IaaS（基础设施即服务），一切皆服务。随着软硬一体化不断深化，IT 将以服务的形式展现在用户面前，而不会区分软件服务、硬件服务。无论何种服务，都需要一个载体，而公共云就是这个载体。

2. 根植于公共云的 IT 技术，其应用与创新必须依托公共云

大数据、人工智能等 IT 新技术，其发展伊始便根植于公共云，严格来说，如果脱离公共云，就不存在大数据和人工智能。互联网、移动互联网、物联网等网络的普及和发展，产生了大量数据，大数据的汇聚需要承载平台，而大数据的应用也需要计算平台。理论上说，只有公共云能扮演这一平台的角色。人工智能是基于大数据发展起来的，脱离网络和数据，人工智能便不复存在，因此，人工智能发展必须依托公共云。

3. 公共云是一个集"整合"与"连通"于一体的平台

在数字经济时代，融合是必然趋势，软硬件要融合、IT产品和服务要融合、工业化和信息化要融合、产业链各环节之间要融合、行业和行业之间要融合。各类网络的发展，为融合提供了通道，但通道仅能实现数据之间的交互，无法实现数据的融合与应用，而公共云恰恰可以承载这样的融合与应用。除融合之外，公共云还可以作为一种更加便捷的连通方式，各用户通过与公共云连接，便可以同时实现与产业链、各行业，以及所有用户之间的连通。所以说，公共云既是平台，也是接口。

二、中国云计算发展现状

中国云计算市场近年来呈现出令人瞩目的快速增长态势，市场规模不断扩大，已成为全球云计算市场的重要一极。最新数据显示，中国云计算市场的规模增速在2019年达到了39%，2020年虽有所放缓，但仍保持了25.6%的稳健增长，而2021年，增速再次跃升至48.4%，展现出强劲的增长动力，如表2-1所示。

表2-1 云计算市场规模增速统计

年份	云计算市场规模增速（%）
2019	39.0
2020	25.6
2021	48.4
2022	40.9

资料来源：中经数据 CEIdata。

这一显著增长得益于多重因素的共同推动。首先，政策扶持为云计算市场的发展奠定了坚实基础。中国政府高度重视云计算产业的发展，并出台了一系列具有针对性的政策措施。这些政策不仅鼓励企业加大对云计算技术的投入和应用，还提供了税收优惠、资金扶持等实质性支持，从而极大地激发了市场活力。

其次，技术创新是推动云计算市场增长的核心驱动力。随着云计算技术的不断成熟和进步，其性能、稳定性和安全性得到了显著提升。云计算服务提供商们纷纷加大研发投入，推出了一系列创新产品和服务，满足了企业日益多样化的需求。这些创新不仅提升了云计算的整体水平，也为企业提供了更加高效、便捷的云服务体验。

最后，企业需求是推动云计算市场增长的一个关键因素。在数字化转型的大背景下，越来越多的企业开始认识到云计算在提升业务效率、降低成本、增强灵活性等方面的重要作用。因此，它们纷纷将业务迁移到云端，并积极采用云计算技术推动自身的数字化转型进程。这种旺盛的企业需求为云计算市场提供了广阔的发展空间。

三、云计算之发展前景

在云计算平台中，智能化服务的崛起将成为重要的发展方向。随着机器学习、深度学习等人工智能技术的集成应用，云计算平台能够为用户提供更加精准、高效的智能化服务。这些服务包括但不限于智能推荐、智能分析、智能预测等，它们将帮助用户更好地理解和利用存储在云计算平台中的数据，从而提升用户体验，推动云计算产业的持续发展。

1. 云计算与人工智能的融合

云计算与人工智能的融合将催生出一系列创新应用，为人们的生活带来更多便利和惊喜。在智能家居领域，人工智能技术将帮助云计算平台实现家居设备的智能互联和控制，从而提升家庭的智能化水平。在智慧医疗领域，云计算平台将结合人工智能技术提供精准的医疗诊断和治疗方案，推动医疗服务的智能化升级。在智能交通领域，云计算与人工智能的融合将助力交通系统的智能化管理和优化，提高交通效率和安全性。这些创新应用的出现将使得云计算产业更好地服务于社会，推动数字化转型的深入发展。

云计算与人工智能融合所带来的机遇与挑战并存将推动云计算产业向更加智能化、自动化的方向发展，为行业带来广阔的发展空间。另外，随着智能化服务的普及和创新应用的涌现，数据安全和隐私保护问题将更加突出。在推动云计算与人工智能融合时，必须加强对数据安全和隐私保护的关注和研究，确保行业发展的可持续性和稳定性。

为了更好地应对这些挑战，云计算企业和研究机构需要加强合作，共同推动云计算与人工智能技术的深度融合。云计算企业需要积极引入人工智能技术，不断提升自身的技术实力和服务能力。另外，研究机构需要加强对云计算与人工智能融合的理论研究和技术创新，为行业提供有力的支撑和引领。

政府和社会各界也应关注云计算与人工智能融合的发展，为其提供良好的政策环境和市场环境。政府可以制定相关政策和标准，推动云计算与人工智能技术的融合应用和发展；社会各界可以加强对云计算与人工智能融合的宣传和推广，提高公众对其的认知度和接受度。

云计算与人工智能的融合将成为未来云计算产业的重要趋势。这种融合将推动云计算产业向更加智能化、自动化的方向发展，催生出一系列创新应用，为社会带来深远影响。在享受融合发展带来的机遇时，我们也必须清醒地认识到其中所面临的挑战和问题，并采取相应的措施加以应对和解决，如此才能确保云计算与人工智能融合发展的可持续性和稳定性，为行业的长期发展奠定坚实基础。

2. 边缘计算与云计算的协同发展

边缘计算的发展将进一步推动边缘智能的实现。边缘智能将数据处理和分析任务与设备端的其他功能相结合，实现设备性能的优化和智能化。通过实时收集和处理设备端数据，边缘智能可以实现对设备状态的实时监控和预测，从而提前发现潜在问题并进行预防性维护。这不仅提升了设备性能和用户体验，还为设备的智能化升级提供了可能。

3. 绿色云计算与产业可持续发展

在推动绿色云计算发展的过程中，云计算企业扮演着至关重要的角色。这些企业不仅需要积极采用环保技术和设备，更需要从战略高度认识到绿色云计算对于产业可持续发展的重要性。通过制定绿色发展战略、加强内部管理和技术创新、积极参与环保公益活动等方式，云计算企业可以不断提升自身的环保形象和社会责任感，同时可以为整个行业的绿色转型提供有力的支持和引导。

从产业生态的角度看，绿色云计算的发展将对整个云计算产业链产生深远影响。在硬件供应商层面，绿色云计算将推动其研发更加环保、高效的硬件设备；在云服务提供商层面，绿色云计算将促使其提供更加经济、绿色的云计算服务；在最终用户层面，绿色云计算将为其带来更加可靠、安全的云计算服务体验。绿色云计算不仅是中国云计算产业未来的发展趋势，更是推动整个产业生态可持续发展的关键所在。

第四节 人工智能

一、作为基础设施的人工智能

人工智能是研究、开发用于模拟、延伸和扩展人的智能的理论、方法、技术及应用系统的一门新的技术科学。学界和业界对人工智能的理解众说纷纭，我们从应用、驱动因素、表现方式、与人的关系四个维度做总结。

根据人工智能的应用，人工智能可以分为专有人工智能、通用人工智能、超级人工智能。根据人工智能的内涵，人工智能可以分为类人行为（模拟行为结果）、类人思维（模拟大脑运作）、泛智能（不再局限于模拟人）。

人工智能的驱动因素包括算法/技术驱动、数据/计算驱动、场景和颠覆性商业模式驱动，其承载方式包括技术承载方式，如单机智能、平行运算/多核智能、高度分散/群体智能。

人工智能表现方式分为云智能、端智能、云端融合三种，其与人的关系分为机器主导、人主导、人机融合三类。

总结人工智能的多种内涵，现阶段，人工智能从专有人工智能向通用人工智能发展过渡，由互联网技术群（数据/算法/计算）和场景互为推动，协同发展，自我演进。在这个过程中，人是主导者（设计解决问题的方法）、参与者（数据的提供者、数据反馈的产生者，也是数据的使用者），也是受益者（智能服务的接受方）。人工智能已不再局限于模拟人的行为结果，而拓展到"泛智能"应用，即更好地解决问题、有创意地解决问题和解决更复杂的问题。这些问题既有人在信息爆炸时代面临的信息接收和处理困难，也有企业面临的运营成本逐步增加、消费者诉求和行为模式转变、商业模式被颠覆等问题，同时有社会亟待解决的对自然/环境的治理、对社会资源的优化和对社会稳定的维护等挑战。

二、人工智能的发展和应用趋势

咨询公司 Venture Scanner 统计，2016 年全球人工智能公司已突破 1000 家，跨越 13 个子门类，融资金额高达 48 亿美元。在这 13 个子门类中，研究机器学习（应用）的人工智能公司数目最多，达 260 家，约占整个行业的

30%。从区域分布情况看，欧美等西方国家发展较为迅猛，其中美国以 499 家人工智能公司占据绝对主导地位，且初创公司数量众多；而以中国为首的发展中国家在人工智能领域显然仍处于起步阶段，真正布局该产业的公司较少，以传统互联网巨头进军人工智能领域为主。

《全球人工智能发展报告（2016）》显示：中国人工智能专利申请数累计达到 15745 项，居世界第二；人工智能领域投资达 146 笔，居世界第三。麦肯锡预计，至 2025 年人工智能应用市场总值将达到 1270 亿美元。

人工智能的产生具有坚实的科学理论基础。算法、数据和计算三大基础要素共同驱动人工智能发展。其中，算法是机器实现人工智能的核心，计算能力和大数据是人工智能的基础。长期以来，人工智能的突破主要依赖于算法性能的提升，近年来主要有工程学法和模拟法实际应用在人工智能技术中，推动人工智能开始发展至感知智能阶段。而第三次技术革命以来，计算机互联网在数据生成、采集、存储、计算等环节的突破，为人工智能进入高速发展阶段提供了坚实的基础。

2012 年，IBM 公司的 Watson 一举击败两位人类选手，获得智力挑战赛 Jeopardy 的冠军，在比赛中，Watson 展示出超强的自然语言处理能力，使 Watson 俨然成为当时人工智能的代言人，自此人工智能进入普通大众的视野。

2023 年，IBM 斥资近 70 亿美元用于研发领域，其中包括对人工智能、量子计算和半导体的投资。微软开源了多个人工智能项目，包括 Orca 和 Orca 2，这是一对小型语言模型，在复杂推理任务中表现出色。亚马逊云科技推出了完全托管的生成式 AI 服务 Amazon Bedrock 和自有基础大模型 Amazon Titan。另外，国内的 IT 巨头百度、阿里巴巴、腾讯也在奋力直追。

根据阿里云研究中心和波士顿咨询公司的研究报告，从人工智能的技术突破和应用价值两维度分析，未来人工智能将会出现三种情景：

情景一：服务智能。在人工智能既有技术的基础上，技术取得边际进步，机器始终作为人的辅助；在应用层面，人工智能拓展、整合多个垂直行业应用，丰富使用场景。随着数据和场景的增加，人工智能创造的价值呈现指数增长。

情景二：科技突破。人工智能技术取得显著突破，如自然语言处理技术可以即时完全理解人类对话，甚至预测出"潜台词"。在技术创新的领域，现有的应用向纵深拓展，价值创造限制在技术取得突破的领域。

情景三：超级智能。人工智能的技术取得显著突破，应用范围显著拓宽，人机完全共融，人工智能全面超越人类，无所不在，且颠覆各个行业和领域，价值创造极高。

人工智能的现在和未来趋势与智能本身的客观规律相契合。最浅层（第一阶段）的智能是专有智能，借助于数据科学和数学，实现了解、学习、预测、增强的功能，可以完成具体任务。智能的第二阶段是深度通用智能，智能可以推理、对话、建立规则并在更广的范围内运用规则。智能的最高阶段是超级智能，智能可以思考、导演事实走向、改变并增加规则。

与之对应的是，人工智能的发展将经历四个阶段。截至目前，人工智能还停留在"专有人工智能"阶段，主要应用是完成具体任务，例如"识别病灶医学图像并判断是否是肿瘤"。未来，人工智能将逐渐向"通用人工智能"过渡，应用于完成复杂任务，如"识别医学图像，并快速诊断疾病（不限于肿瘤）"。这种应用更广泛的服务智能将在未来 35 年的中短期内实现。但是，服务智能下的人工智能只可以判断并满足用户的需求，还不足以改变用户行为。中长期内，随着技术显著突破，人工智能将逐步发展为"抽象人工智能"，在基础科技取得重大突破后，人工智能可以理解用户情感，从而改变用户行为，例如"说服慢性病患者坚持按医嘱服药并在患病后改变生活习惯"。最终，人工智能将发展为"超级人工智能"，全面超越人类，通过技术突破和广泛的应用，预测并预先改变消费者的行为，例如"预先说服用户改变不良生活习惯，预防慢性病"。

综上所述，服务智能将成为未来 3~5 年内人工智能应用的核心趋势。在服务智能方面，人工智能会取得边际技术进步，如算法突破，小数据训练或分布式算法（不从数据开始训练，直接下载智能）成为可能；或者，图像识别或自然语言处理技术取得边际突破，对数据结构化的要求降低。

人工智能的应用将更加广阔，如综合天气、土壤变化数据和大宗商品交易行情，人工智能可以为农业决策，选择今年最有经济效益的种植品种；或者，图像识别技术突破后，机器人可以识别消费者微表情的变化，从而预测消费者的情绪。人工智能的应用将更有深度，产生新的社会、商业和个人生活模式，创造巨大的商业价值。人工智能的发展也将更为融合：实现"感知／交互—正确理解—自主决策—自我学习"的实时循环；数据传输速度实现质的飞跃，云端将无缝融合；介入式芯片等新的硬件形式将出现，甚至实现人机共融。

在服务智能情景下，对于数据可得性高的行业，人工智能将率先用于解决行业痛点，爆发大量场景应用。医疗、绿色金融、交通、教育、公共安全、零售、商业服务等行业数据电子化程度较高、数据较集中且数据质量较好，因此，这些行业将率先涌现大量的人工智能场景应用，用以解决行业痛点。

对于人工智能而言，医疗领域一直被视为一个很有前景的应用领域。基于人工智能的应用在未来数年内能够为千百万人改进健康结果和生活质量，如临床决策支持，病人监控、辅导，在外科手术或者病人看护中的自动化设备、医疗系统管理，慢性病用药和生活管理等。

在绿色金融领域，智能个人身份识别将用于解决绿色金融安全隐患，智能高频交易将用于提高绿色金融决策效率，智能投顾将帮助绿色金融机构开拓用户。

在交通领域，人工智能将应用于无人驾驶、智能汽车、交通规划等场景，用于解决目前交通行业普遍存在的驾驶感受差、道路严重拥堵等问题。

在教育领域，K-12线上教育以及大学配套设备等人工智能应用已经被学校和学生广泛使用，机器人早已经成为广受欢迎的教育设备，智能辅导系统（ITS）也成为与科学、数学、语言学以及其他学科相匹配的学生互动导师。

在公共安全领域，人脸识别将广泛应用于安防监控，无人机、预测警务应用可以应用于反恐、维护公共治安等场景，用以解决公共安全隐患。

在零售领域，人工智能将提供精准搜索和推荐，智能导购将降低营销成本，提升用户体验，从而迎合消费升级和消费者日渐成熟的趋势。

在商业服务领域，人工智能已广泛应用于个人智能客服和企业智能助手，未来人工智能还将拓展到人力、法律等专业服务领域。

三、人工智能应用的案例

案例1：亚马逊"Alexa"

亚马逊Alexa是亚马逊公司开发的一款人工智能助手，它集成了语音识别、自然语言处理、机器学习等多项技术，为用户提供了丰富多样的智能服务。作为一款智能家居助手，Alexa可以与各种智能设备连接，如智能灯泡、智能插座、智能恒温器等，并通过语音指令控制这些设备，从而实现了对家庭环境的智能控制。

在亚马逊的 Alexa 产品发布会上最显著的是生成式人工智能（AI）如何加持 Alexa 助手，使其能力得到了显著提升。新的 Alexa 助手拥有更自然、更像人类的对话能力，无须用户再发出特定的唤醒词，即可与其进行交互。此外，新版的 Alexa 还具备了类似 ChatGPT 的对话交流能力，可以为用户提供"类似人类互动"的体验，如撰写消息并代表用户向他人发送文本。另外，发布会上还展示了 Alexa 的呼入翻译功能，这项功能使得用户可以通过 Alexa 进行跨语言沟通，为国际交流提供了便利。在硬件方面，亚马逊也推出了新的 Echo 8 智能音箱，这款音箱售价为 149.99 美元，并开始发货。Echo 8 的特点在于它利用计算机视觉技术，能够根据用户和屏幕之间的距离自动改变界面，为用户提供了更为个性化的体验。

Alexa 的能力却与之存在很大不同。在发布会上，Alexa 拥有庞大的技能生态系统，这是其与其他语音助手相比的一个显著优势。截至 2017 年春季，亚马逊宣布 Alexa 已经拥有了一万项技能，涵盖了娱乐游戏、新闻、教育、生活、趣味搞笑、效率、天气、音乐影视、智能家居、运动、饮食、财经、当地、旅行交通、电影电视、公共服务、社交等领域。这使得 Alexa 能够提供更丰富、更个性化的服务，满足用户多样化的需求。

案例 2："阿里小蜜"

2016 年 3 月中旬，阿里巴巴推出人工智能服务产品"阿里小蜜"，会员可以通过手机淘宝任意二级页面便捷地找到小蜜，体验服务、导购、咨询、智能助手等功能。官方数据显示，上线半个月来，"阿里小蜜"收到了日均 400 万用户的消息，其中近百万用户选择直接向"阿里小蜜"提问，取代传统客服热线，解决他们淘宝购物的相关问题。

按照一个客服小二日均接待 100 余人来计算，"阿里小蜜"的服务能力堪比 3.3 万个客服小二。

阿里巴巴面对 4 亿名以上的活跃消费者、上千万家的活跃商家，以及每天上千万笔的交易，如何借助科技的力量提升服务能力及用户体验，而不仅仅是增加客服人数，是服务团队一直关注的重点。

阿里会员打开手机淘宝可以便捷地找到"阿里小蜜"，平均响应时间不到 1 秒，大大缩短了原来打热线电话排队等待的时间；会员咨询智能解决率接近

80%，高出行业智能客服产品平均水平；维权咨询全部在线实时处理、不需要电话，维权进度全面掌握。此外，"阿里小蜜"还能 7×24 小时无缝转换至人工服务。

依托阿里大数据，"阿里小蜜"能够基于用户行为表现提前预测问题，并在用户发起咨询前主动触达用户，将用户转电话及在线人工服务的求助率降低了 70%，服务压力大大降低。

除咨询投诉等基础服务，"阿里小蜜"还可以作为智能助理，完成充话费、查天气、买机票、导购等功能。其中，充话费已经跃升为会员在"阿里小蜜"上成交的第一大类目，充值全程最快仅需 5 秒，用户仅需一句话即可快速完成充值。此外，每天通过"阿里小蜜"查天气的会员有 3000 多人，通过"阿里小蜜"订机票的日均人数也已近 2000 人。

不仅如此，每天还有不少人喜欢找"阿里小蜜"闲聊。区别于市场上很多人工智能产品只能实现单句的一问一答，"阿里小蜜"真正采用人工智能＋知识图谱的方式，能够基于上下文多轮对话更加准确地去理解会员语义，进而精准地识别会员需求。

据阿里巴巴官方介绍，"阿里小蜜"的背后有一群语音识别领域的科学家，通过对算法的不断优化，使语音识别正确率在原有基础上显著提升，即使是对于重口音用户、语速很快的用户甚至在嘈杂环境中使用时也能很好识别。

案例 3：智能制造

智能制造是工业 4.0 的核心内容之一，AI 技术在这一领域发挥着重要作用。通过自动化生产线、智能机器人等设备，AI 可以实现对生产流程的精准控制，提高生产效率和产品质量。

智能机器人通过集成先进的传感器、控制系统和人工智能技术，可以实现对生产环境的精确感知和判断。它们可以根据生产需求自主规划、调度和执行任务，从而提高生产效率和灵活性。同时，智能机器人还具备与人类员工协同工作的能力，可以通过语音识别、手势识别等技术实现与人类的自然交互，提高生产效率和工作质量。例如，在生产线上，智能机器人可以精确地执行各种操作，减少人为错误，提高产品质量。同时，通过数据分析和学习，智能机器人可以不断优化生产流程，提高生产效率。智能机器人可以与企业的信息系统无缝对接，实时采集和分析生产数据。这些数据可以用于优化生产流程、提高产品质量、改进产品设计等方面，为企业的数字化转型提供有力的支持。

随着市场的不断变化和消费者需求的多样化，企业需要快速调整生产计划和产品方案。智能机器人可以通过灵活的编程和控制系统，快速适应不同的生产需求，实现柔性生产。同时，智能机器人还可以通过与客户的互动和反馈，提供个性化的服务和体验，满足消费者的多样化需求。总而言之，智能机器人通过实现柔性生产和定制化服务、提高决策效率和准确性以及提升员工技能和知识水平等，推动企业的数字化转型进程。

四、人工智能与就业

与人工智能相关的问题是，机器对于劳动力的替代。由于高度自动化而引起的失业，其实并不是一个经济问题。这可以被视为一件好事，因为只需要少量高技能创新工作者每周上班 3 天，就可以确保在其余人口不工作的情况下，依然维持原先社会在商品和服务方面的供给水平。这种失业更大程度上还是社会问题，因为大多数人会感到自己似乎是多余的；同时也是一个政治问题，因为大多数选民将不再是纳税人。我们应该把这种问题称为"休闲过剩"而不是失业。但这种情况出现的可能性不大，因为在短期内，服务行业将会产生很多工作机会；从长远来看，即使大部分的日常工作可以被人工智能取代，未来仍会有许多与创新有关的工作机会属于人类。

第五节　区块链

区块链作为热点经济概念，整合了分布式存储、密码学、共识机制等多项互联网技术，可以极大提升用户价值交换效率。随着更多企业加入数字化转型的大军，区块链得到了进一步应用。那么，区块链是什么？它又将如何推进企业数字化转型呢？

一、何谓区块链

区块链（Blockchain 或 Block Chain）是一种块链式存储、不可篡改、安全可信的去中心化分布式账本。它结合了分布式存储、点对点传输、共识机制、密码学等技术，通过不断增长的数据块链记录交易和信息，确保数据的安全和透明性。区块链起源于比特币，最初由中本聪在 2008 年提出，作为比特币的底层技术。从诞生初期的比特币网络开始，区块链逐渐演化为一项全球性技术，吸引了全球的关注。区块链在未来将会扩展到越来越多的行业中，为各行业数字在转型带来技术变革。

一本账本必须具有唯一确定性的内容，否则它就会失去参考意义，这使记账自然成为一种中心化行为。在如今的信息时代，中心化的记账方式覆盖了社会生活的方方面面。然而，中心化的记账方式却有一些软肋，一旦这个中心被篡改或被损坏，整个系统就会面临危机。如果账本系统承载的是整个货币体系，也面临中心控制者滥发货币导致通货膨胀的风险。

中心化的记账方式对中心控制者的能力、参与者对中心控制者的信任以及相应的监管法律和手段都有极高的要求。那么，有没有可能建立一个不依赖中心及第三方但却可靠的记账系统呢？

从设计记账系统的角度来说，系统的构建需要让所有参与方平等地拥有记账及保存账本的能力，但每个参与方接收到的信息不同，他们记录的财务数据也有所不同。数据一致是记账系统最根本的要求，如果每个人记录的账单都不一致，记账系统就失去了价值。

区块链系统攻破了这项难题。如果将接入记账系统的每一台计算机看作一个"节点"，区块链就是以每个节点的算力竞争记账权的机制。

例如，在比特币系统中，算力竞赛每 10 分钟进行一次，竞赛的胜利者可获得一次记账的权力，即向区块链这个总账本写入一个新区块的权力。这就导致只有竞争的胜利者才能进行记账，在记录完成后，区块链就会与其他节点进行信息同步，产生新的区块。值得注意的是，算力竞争如同购买彩票一样，算力高的节点相当于一次购买多张彩票，只能相应地提升中奖概率，却并不一定会中奖。

这里的奖品就是比特币，奖励的过程也是比特币发行的过程。每一轮竞争胜利并完成记账的节点，都会得到系统给予的一定数量的比特币奖励。节点为了获得系统发行的比特币，会不停地进行计算。

这种设计将货币的发行与竞争记账机制完美结合到一起，在引入竞争的同时也解决了去中心化货币系统中发行的难题。

这种去中心化的记账系统可以承载各种价值形式，可以记录能用数字定义的资产，如股权、产权、债权、版权、公证、投票等。这也意味着区块链可以定义为更复杂的交易逻辑，区块链技术因此被广泛应用于各个领域。

二、降低数字化转型的风险

互联网将全世界的人们紧密联系在一起，随之而来的是巨大的信任问题，包括国家与国家、个人与个人。现存的第三方中介组织的技术架构都是私密而且中心化的，这种模式永远无法从根本上解决互信及价值转移的问题。而区块链技术可以利用去中心化的数据库架构打造数据交互的信任体系，实现全球互信的一大跨步。

区块链最重要的价值在于能够在信息不对称、环境未知的情况下打造出一个完善的信任生态体系。下面以"去中心化绿色金融（DeFi）"为例。去中心化绿色金融（Decentralized Finance，DeFi）是以太坊平台上一个典型的信任建立案例。DeFi应用通过智能合约实现了绿色金融服务的去中心化和自动化，为用户提供了更加透明、安全、便捷的绿色金融服务。

借贷平台：DeFi中的借贷平台如Compound、Aave等，允许用户将资金存入智能合约中，并获得利息回报。智能合约根据预设的规则自动匹配借款人和出借人，实现了去中心化的借贷过程。由于智能合约的自动执行和透明性，借贷双方可以建立信任并进行交易。

去中心化交易所：DeFi中的去中心化交易所（Decentralized Exchanges，DEXs）如Uniswap、SushiSwap等，允许用户直接进行加密货币的交易。DEXs使用智能合约来自动执行交易订单，并确保交易的公平性和安全性。用户可以在无须信任第三方的情况下进行交易，大大降低了交易风险。

稳定币发行：DeFi中的稳定币（Stablecoins）如MakerDAO的DAI、Compound的COMP等，通过智能合约实现了去中心化的稳定币发行和管理。智能合约根据抵押品的价值和市场需求自动调整稳定币的发行量，保证了稳定币的价格稳定性。用户可以在无须信任任何机构的情况下使用稳定币进行交易和支付。

DeFi等去中心化应用为用户提供了更加透明、安全、便捷的绿色金融服务。智能合约的自动执行和透明性使得用户可以在无须信任第三方的情况下进行交易，大大降低了交易风险。未来，随着区块链技术的不断发展和应用领域的拓展，智能合约将在更多领域建立起强大的信任机制，推动社会的数字化进程。

　　在实际应用中，区块链是由多台计算机连接形成的共享网络，具有公开性、安全性和唯一性。若区块链的某些节点数据被损害，只要还有一个节点存有相关数据，这些数据就会在重新建立连接后同步给其他节点。

　　区块链改变了传统的交互模式。如今，数据的存储不再依赖中心节点，各节点之间的交互都会形成交互记录，由此形成了一种"无须信任"的信任体系，那些依赖信任关系的难题便迎刃而解。

三、区块链 + 供应链：实现产品追踪

　　区块链技术出现之初，受到影响最深的就是绿色金融行业。随着这项技术的不断发展，可以与其融合的领域越来越多，区块链与供应链之间也发生了"碰撞"。将区块链技术应用于供应链管理中，可以有效解决现有的问题，开创供应链领域的新模式。

　　传统的供应链包含多个环节，每个环节中都会产生大量的数据，产品的生产商、经销商、零售商，都只能掌握其中的一部分。这意味着，当产品出现问题时，企业很难确定问题的症结出现在哪一个环节。不仅如此，由于大部分产品上没有流通数据的标记，要想实现对所有问题产品的召回，需要消耗大量的时间和人工成本，对相关企业都会产生强烈的冲击。

　　当企业将区块链技术应用到供应链管理后，上述问题迎刃而解。区块链技术可以实现对相关数据的采集、挖掘、分析、存储，从而加大对供应链的监测力度，实现对各个环节的追踪。以此为基础，企业就可以利用最短的时间、最低的成本实现对问题产品的召回。

四、沃尔玛与 IBM 的合作

　　沃尔玛作为全球领先的零售巨头，一直在寻求提高供应链效率和透明度的方法。为此，沃尔玛与 IBM 合作，共同探索区块链技术在供应链追踪方面的应用。

　　通过应用基于区块链技术的"追踪－记录"解决方案，沃尔玛能够实时追踪其商品在全球范围内的流动情况。例如，当一箱芒果从种植园采摘下来后，每一个环节的信息，包括采摘日期、运输轨迹、质量检测等都会被自动记录在区块链上。这意味着，只需要几秒钟，沃尔玛和消费者就可以查看这一箱芒果的完整记录，确保产品的真实性和安全性。

此外，沃尔玛还向 USPTO 提交了专利，计划通过区块链技术连接自动送货车，将客户的家设置为授权准入区域。这样，自动送货车可以直接进入客户的家中，完成包裹配送服务。这种创新不仅提高了送货效率，还提高了消费者对沃尔玛的信任度。

五、京东的区块链防伪溯源平台

京东作为中国领先的电商平台，也积极运用区块链技术来提高产品的可追溯性和防伪性。京东搭建的区块链防伪溯源平台，已经与超过 400 家国内外品牌合作，实现了 11000 多种重点商品的全程可追溯。

商品溯源。京东的区块链防伪溯源平台可以记录商品的全生命周期信息，包括原料采购、生产加工、物流运输等各个环节的数据。这些信息都是公开透明、不可篡改的，消费者可以通过扫描商品上的二维码或查询链上信息来验证商品的真实性和安全性。这种溯源功能可以使消费者更加信任京东平台上的商品。

建立信任机制。京东的区块链技术还可以建立去中心化的信任机制。通过智能合约等技术，京东可以实现卖家信誉评级和买家口碑评价的透明化和可信化。这种机制可以帮助消费者更加准确地评估卖家的信誉和商品的质量，从而提高对京东平台的信任度。

去除中间环节。区块链技术可以实现点对点的交易，去除传统电商中的中间环节，减少交易过程中信息泄露的风险。这种减少中间环节的做法可以提高消费者对京东平台交易安全性的信任。

快速纠纷解决。京东的区块链技术还可以通过智能合约实现自动化的交易纠纷解决机制。消费者和商家可以通过链上记录来快速解决交易纠纷，提高纠纷解决的效率。这种快速解决纠纷的机制可以提高消费者对京东平台的信任度。

我们可以看到，区块链技术在供应链追踪方面的巨大潜力。它不仅提高了供应链的透明度和效率，还提高了消费者对产品的信任度。随着技术的不断发展和普及，区块链在供应链领域的应用将越来越广泛，为商业社会带来更多的变革和机遇。

区块链技术为我们提供了实时、精准的产品视图，使供应链生态网络的构建成为可能，有效提升了整个行业的透明度，降低了行业风险，极大地提升了各个相关企业的利润。

第六节　小结

一、加大信息基础设施投入和建设力度

加快构建新一代信息基础设施，为我国经济社会转型、全面发展数字经济提供坚实保障。①支持高速宽带网络建设，以超高速、大容量光传输技术升级骨干传输网，以光纤到户为基础推动大中城市家庭用户接入升级，以 5G 网络深度覆盖为重点推动无线宽带网络深度延伸覆盖，加快 6G 研发进程。②按照市场需求灵活部署物联网、云计算中心、大数据平台等应用基础设施，加大城市公用设施、电网、水网、交通运输网等智能化改造力度，推动政务、行业信息系统向云平台迁移，深化物联网在电力、能源、交通、城市管理、工业制造、现代农业等重点领域的部署和应用。③加快发展工业互联网，制造业是实体经济的主体，要把制造业数字化、网络化、智能化摆在突出位置，构建高速率、高可靠、低时延、灵活快速组织的网络互联体系，完善工业云和工业大数据等关键应用支撑平台。

二、技术与产业结合，资本与市场驱动快速发展

培育形成一批具有国际影响力和产业引领能力的企业。鼓励基于互联网的大众创业、万众创新。实现技术研发、基础设施建设和部署、新业态培育的良性互动。积极推动信息通信技术与农业、工业制造、交通运输、生活服务等行业的深度融合。形成网络经济与实体经济良性协同的发展格局。鼓励信息通信产业走出国门，参与国际竞争，借助"一带一路"倡议的实施，向国外输出好的产品和理念，与其他国家同行业共同分享宝贵经验，提高国际影响力和话语权。

三、推进基础设施平台与数据的标准化

标准是互联互通、信息共享、业务协同的基础，统一的标准对促进信息通信产业发展及在传统行业中的推广应用具有极其重要的作用。一是平台的标准化，即提供标准的能力开放接口及调用规范；二是数据的标准化，即制定统

一的数据存储与传输格式，实现不同平台之间的功能调用、数据共享，提高平台之间的联动性与功能划分，避免平台功能的重复性开发和数据多次处理的资源浪费。加快建立和完善 5G、工业互联网等前沿领域标准体系，积极抢占国际标准制定话语权；组织、协调行业监管部门、研究机构、制造企业、安全厂商等共同合作，研究制定相关的管理、技术、测评等标准规范，推动具有自主知识产权标准成为国际标准，增强产业发展主动权。

四、建立健全数字经济基础设施的立法与安全保护

网络信息技术与各领域融合的广度、深度、速度都在逐步深化，网络空间的一些问题同时也融合到各个行业中，成为数字经济发展面临的共性问题，如网络安全、数据管理、个人信息保护、知识产权保护、平台责任等。强化信息基础设施的安全与防护是发展信息技术设施的重中之重，要以维护国家安全为直接目标，增强风险意识和危机意识，统筹安全与发展、开放与自主的关系，突出动态化、综合化的防护理念，着力提升信息基础设施安全防护水平。首先，要加快信息基础设施演进升级、加强核心技术自主创新、提高关键软硬件产品自主可控水平；其次，结合《网络安全法》建立健全信息基础设施安全标准体系和审查制度；再次，加强网络安全技术手段的研究和运用，攻防兼备，以技术手段支撑安全；最后，制定网络与信息安全人才培养规划，形成高等教育和社会培训相结合的人才培养机制，以人才队伍强化安全。

第三章　数字经济与产业发展

在信息化浪潮的推动下，全球化趋势日益显著，数字经济正在逐步崭露头角，成为现代经济社会发展的核心引擎。数字经济不仅深度改造并重塑了传统产业的运营模式和市场格局，还孕育并催生了众多新兴产业的蓬勃兴起，其独特魅力和强大动力引领着产业变革的潮流，为经济发展注入新的活力。

第一节　个性主义风潮与数字经济协同发展

在全球化、信息化快速发展的时代背景下，个性主义风潮逐渐兴起，与数字经济形成了一种紧密的相互关联和相互影响的关系。个性主义强调个体的独特性、差异性和创新性，而数字经济提供了实现个性主义需求的技术平台和商业模式。

一、个性主义定义及特征

个性主义是一种强调个体独特性、自主性和创造性的思潮。它关注个体的内心世界、情感体验和价值追求，反对单一化、标准化和同质化，追求多元化、差异化和个性化。未来，个性主义风潮将继续发展壮大，渗透到更多领域和层面。人们对个性化、差异化、定制化的需求将不断增长，推动相关产业的创新和发展。

二、个性主义风潮与数字经济的相互关系

个性主义风潮的兴起为数字经济的发展提供了广阔的市场需求和发展空间。消费者对个性化、差异化的产品和服务的需求不断增长，推动了数字经济在定制化、智能化等方面的创新发展。而数字经济为个性主义提供了强大的技术支撑和实现手段。通过大数据、云计算、人工智能等技术手段，数字经济能够精准地捕捉和分析消费者的个性化需求，提供个性化的产品和服务。个性主

义风潮与数字经济相互促进、协同发展。一方面，个性主义推动了数字经济的创新和发展；另一方面，数字经济为个性主义的实现提供了更多的可能性和途径。二者的互动关系推动了社会经济的持续进步和发展。

三、案例分析

案例 1：定制化产品与服务市场的崛起——耐克

近年来，定制化产品与服务市场迅速崛起，成为数字经济与个性主义相互作用的典型案例。在运动装备领域，以"耐克"高端定制服装品牌为例，该品牌通过运用数字技术，精准捕捉消费者的个性化需求，提供从设计到生产的全程定制化服务。耐克通过其 NikeID 平台提供了高度定制化的运动鞋和服装服务。消费者可以选择款式、颜色、材料，甚至可以在产品上添加个人化的标识和标语，实现个性化的定制体验。该品牌的成功不仅体现了个性主义对数字经济发展的推动作用，也展示了数字经济在定制化服务中的广泛应用和巨大潜力。

案例 2：个性化社交平台的发展——心灵触动

个性化社交平台是数字经济与个性主义相互融合的又一重要领域。以"心灵触动"社交平台为例，该平台引入了人工智能技术及智能语音匹配功能。用户可以通过语音聊天来更直观地表达情感和思想，平台则根据语音中的情感特征和话题内容，实现了对用户兴趣、偏好等个性化信息的精准分析，并据此为用户推荐相关内容和好友。这种个性化的推荐机制不仅提高了用户体验和满意度，也促进了平台上内容的多样化和创新。同时，该平台还提供了丰富的个性化功能和服务，如个性化表情包、个性化签名等，进一步满足了用户的个性化需求。个性化社交平台的发展展示了数字经济在社交领域的创新应用。

个性主义风潮的推动，为数字经济的创新发展注入了新的动力。在消费者需求日益多样化的背景下，企业必须不断创新以满足不断变化的市场需求。因此，企业纷纷加大在产品和服务上的创新力度，通过提供更具个性化的产品和服务来赢得消费者的青睐。同时，企业也在商业模式和营销策略上不断探索突破，以更加灵活和个性化的方式与消费者建立联系。这种积极的创新精神不仅推动了企业的发展壮大，也为整个数字经济行业带来了更多的机遇和可能性。

在个性主义与数字经济的融合中，我们看到越来越多的企业和组织开始注重个体价值的挖掘和发挥。它们不再仅仅追求利润最大化，而更加关注员工的成长和福祉，以及客户的个性化需求和体验。这种以人为本的经营理念，不仅提升了企业的竞争力和创新能力，更让整个社会变得更加温暖和包容。

第二节　数字产业化与产业数字化

数字产业化与产业数字化，作为当今经济发展的两大核心趋势，正在深刻影响着各行各业，重塑着产业生态和经济格局。这两者相辅相成，它们相互促进、相互依存，共同推动着数字经济的快速发展。

在《数字经济及其核心产业统计分类（2021）》中，数字产业化和产业数字化形成了互补关系。数字产业化通过现代信息技术的市场化应用，推动数字产业形成和发展。科技创新绝不是实验室里的研究，而是必须将科技创新成果转化为推动经济社会发展的现实动力。数字产业化的目的是将数字化的知识和信息转化为生产要素，通过将信息技术创新与管理创新、商业模式创新相融合，不断催生新产业、新业态、新模式，最终形成数字产业链和产业集群。

数字化的政策支持是推动数字经济发展的重要途径之一。在当前数字经济蓬勃发展的背景下，加强政策引导和支持，有助于促进数字产业化和产业数字化的顶层设计和整体规划，为数字经济的发展提供有力保障。

首先，制定相关政策和法规是数字化的政策支持的重要组成部分。在数字经济发展过程中，合理的政策和法规可以为企业提供稳定的发展环境和公平竞争的市场秩序。政府可以通过制定和完善相关政策和法规，鼓励企业加大数字化投资，推动数字技术的创新应用，提升数字经济的发展速度和质量。此外，政府可以通过政策引导和激励措施，鼓励企业加大研发投入，培育和支持新兴产业，推动数字经济新动能的发展和壮大。

其次，建立健全产业标准和规范也是数字化的政策支持的重要内容。产业标准和规范的制定可以规范企业的行为，推动数字产业化和产业数字化的标准化和规范化。通过统一的标准和规范，可以减少信息孤岛和壁垒，提高数字经济的整体效益和社会效益。同时，建立健全产业标准和规范有助于促进数字经济与传统产业的融合发展，推动传统产业的转型升级，实现数字经济和实体经济的良性互动和共同发展。

最后，培育数字经济新动能也是数字化的政策支持的重要方向。数字经济新动能的培育和发展，对于推动数字经济的快速发展具有重要意义。政府可以通过加大对新兴产业的培育和支持，为创业者和创新企业提供便利和优惠政策，鼓励和引导创新创业活动。

数字化的政策支持对于推动数字经济的发展至关重要。政府可以通过加强政策引导和支持、制定相关政策和法规、建立健全产业标准和规范、培育数字经济新动能等方式为数字产业化和产业数字化提供有力的政策支持。同时，为了实现数字产业化和产业数字化的发展目标，还需加强创新驱动发展，提升数字化能力和基础设施建设水平。通过多方合作，共同推动数字产业化和产业数字化的发展，为数字经济的快速发展提供强有力的支持。

一、数字产业化

数字产业化指以数字技术为基础，将传统产业进行升级改造，使其具备数字化运营的能力。数字产业化涉及经济结构的转型升级、产业方式的创新以及生产流程的优化改造。数字产业化的核心是通过数字技术的应用，提高生产效率、降低生产成本、改善产品质量，从而为经济发展注入新的动力和活力。数字产业化对于经济发展具有重要意义。一方面，数字产业化可以推动传统产业的转型升级，提高其竞争力和创新能力。例如，通过数字技术的应用，可以实现生产流程的智能化和自动化，减少人力成本，提高生产效率，同时通过数字化的方式提供更加个性化和定制化的产品和服务，满足消费者多样化的需求。另一方面，数字产业化可以推动新的产业形态的出现，创造新的经济增长点。例如，移动互联网、大数据、人工智能等新兴产业的兴起，正是数字产业化的结果。

以制造业为例，数字产品制造业指支撑数字信息处理的终端设备、相关电子元器件以及高度应用数字化技术的智能设备的制造，属于"数字产业化"部分。它包括计算机制造、通信及雷达设备制造、数字媒体设备制造、智能设备制造、电子元器件及设备制造和其他数字产品制造业。智能制造指利用数字孪生、人工智能、5G、区块链、VR/AR、边缘计算、试验验证、仿真技术等新一代信息技术与先进制造技术深入融合，旨在提高制造业质量和核心竞争力的先进生产方式，属于"产业数字化"部分。它主要包括数字化通用专用设备制造、数字化运输设备制造、数字化电气机械器材和仪器仪表制造及其他智能制造。数字产品制造业和智能制造是按照《国民经济行业分类》划分的制造业中数字经济具体表现形态的两个方面，它们互不交叉，共同构成了制造业中数字经济的全部范围。

1. 案例一：华为数字化转型

华为作为中国领先的科技企业，在数字化转型方面取得了显著成果。通过引入大数据、云计算、人工智能等数字技术，华为实现了从设备制造商向智能化解决方案提供商的转型。在研发、生产、销售等各个环节，华为都充分利用数字技术提升效率和创新能力，为全球用户提供更加智能、高效的产品和服务。

2. 案例二：阿里巴巴的数字商业生态

阿里巴巴作为全球领先的电商平台，通过构建数字商业生态，实现了商业模式的创新和升级。通过云计算、大数据等技术手段，阿里巴巴为消费者和商家提供了更加便捷、智能的购物和营销体验。同时，阿里巴巴还积极拓展数字金融、数字物流等领域，构建起一个庞大而复杂的数字商业生态系统。

二、产业数字化

产业数字化指利用现代信息技术对传统产业进行全方位、多角度、全链条改造。产业结构优化升级是提高我国经济综合竞争力的关键举措。现代信息技术对经济发展具有独特的放大、叠加、倍增作用。研究表明，数字化程度每提高10%，人均 GDP（Gross Domestic Product，国内生产总值）增长0.5%~0.62%。产业数字化以"鼎新"带动"革故"，以增量带动存量，通过推动互联网、大数据、人工智能和实体经济深度融合，提高全要素生产率。

产业数字化指将传统产业的各个环节进行数字化改造和整合，建立起数字化的生产和经营体系。产业数字化的核心是通过数字技术的应用，实现产业链和价值链的全面数字化。产业数字化涉及物质资源的数字化管理、信息流的数字化流动以及价值链的数字化整合。产业数字化的目标是通过数字技术的应用，实现企业的整体效率提升、运营成本降低、市场响应能力增强，并进一步推动企业的转型升级和可持续发展。产业数字化对于经济发展具有重要意义。一方面，产业数字化可以提高经济运行的效率和质量。通过数字化的管理和流程优化，可以实现资源的高效配置，减少资源的浪费，提高生产效率和产品质量。另一方面，产业数字化可以提升企业的竞争力和创新能力。数字化的生产方式提供了更多的机会和手段，使得企业可以更好地适应市场需求的变化，快速响应市场需求，提供个性化的产品和服务，从而赢得竞争优势。

产业数字化是以传统产业和科技产业共建融合为基础，利用数字技术对业务进行升级，推动产业供给侧和需求侧运营流程的数据在线，链接客户、结构可视、智慧决策，对产业链上下游的全要素进行数字化改造，从而实现产业降本增效、提高用户体验、增加产业收入和升级产业模式，进而提升生产的数量和效率的过程。产业数字化的变革正在加速重构全球产业新纪元。

（一）产业数字化的现状

数字科技的创新加速了经济社会形态和运行方式的变革，在数字科技的支撑和引领下，产业链上下游的要素正在进行数字化升级、转型和再造，一场更大范围、更深层次的科技革命和产业变革正在重构全球创业版面，重构产业发展方式。数字科技和产业发展相结合，为产业数字化提供了强大的技术驱动力，促进产业生产精准化、经营网络化、管理数据化、服务在线化，培育出一批网络化、智能化、精细化的现代产业发展新模式，加快产业现代化发展步伐。新技术、新产品不断突破，新模式、新业态不断涌现，不断培育新的增长点，形成新动能，催生了智能制造、智慧物流、电子商务、智慧金融等新兴业态，加快推动了生产性服务业的优质高效发展。

《"十三五"国家信息化规划》将"数字中国建设取得显著成效"作为"十三五"时期国家信息化发展的总目标。2020 年 3 月召开的中央政治局常委会会议强调，要加快 5G 网络、数据中心、人工智能、工业互联网等新型基础设施建设，夯实产业数字化发展基础。2020 年 4 月发布的《中共中央 国务院关于构建更加完善的要素市场化配置体制机制的意见》中，将数据与土地、劳动力、资本、技术等传统要素并列为生产要素，统筹布局了国家大数据综合化数字经济创新发展试验区、国家新一代人工智能创新发展试验区等一批先行示范区，组织实施宽带覆盖、企业上云、中小企业数字化赋能等重大工程，将数字化作为实现数字经济和实体经济深度融合发展的重要途径，是新时代背景下适用数字经济发展的必由之路和战略选择。2020 年 4 月，国家发展改革委、中央网信办、工信部等部门联合发布了《关于支持新业态新模式健康发展 激活消费市场带动扩大就业的意见》，明确提出，要培育产业平台化发展生态，打造跨越物理边界的"虚拟"产业园和产业集群，发展基于新技术的"无人经济"等，为加快推进产业数字化转型、壮大实体经济新动能发挥政策"指挥棒"和"助推器"作用。麦肯锡全球研究院早前发布的《数字时代的中国：打造具有全球竞争力的新经济》报告显示，到2030年，数字化的三股推动力，即去中介化、分散化、非物质化将转变并创造10%~45%的行业总收入，滚滚而来的数字化浪潮将席卷中国，为中国经济带来巨大的转型机遇，提升中国的生产效率、生产力及企业的全球竞争力。

（二）产业数字化的动因

1. 生产过程复杂化

工业化的持续推进使生产制造越来越复杂，也对生产制造过程的各方面提出了更高的要求。数字化转型有利于构建智能制造的生产方式，满足生产过程中各维度的要求，应对成本上升问题，加快向创新驱动型发展方式转变。

一是加快生产模式变革。引导有条件的企业加快传统制造装备联网、关键工序数控化等数字技术改造升级，提升数字制造、智能制造水平，实现精益生产、精细管理和智能决策。

二是推进企业"上云"，融入产业互联网生态。鼓励企业从云上获取资源和生产性服务，推进企业设备"上云"和业务系统向云端迁移，从企业主导模式向共享制造、个性化定制等消费者主导的C2M模式转型。

2. 市场需求多样化

数字经济时代，市场需求主要呈现出多样化、定制化、多批小量的特点，以面向实际应用需求为主，属于典型的离散型制造。生产管理的复杂度发生了较大的变化，作为需求与供应衔接的核心部分，生产计划显得越来越复杂，在准时、保质、保量满足市场需求方面面临严峻考验。

在有限的、约束性资源条件下，企业的生产组织愈加困难，生产瓶颈难以突破。数字化转型有助于企业构建快速、精准的生产组织方式以充分满足市场需求，从"长尾效应"中获取商机，对企业的产品技术、生产效率、物流供应、服务质量的要求更加严格化、标准化、精细化。

3. 产品服务增值化

数字化转型倒逼产品的快速供给，对创新的速度提出了更高的要求。产品科技含量的提高使产品越来越复杂，对各环节的服务需求越来越迫切，同时产品智能化也为创新增值服务提供了可能。随着用户对个性化体验的需求逐渐增加，通过改进业务来增加价值供给，成为企业实现创新的新思路。发展数字化业务及重大技术，加快数字技术在现实场景中的商业化应用，更有利于企业把握新的市场机遇，从根本上提高产品和服务的价值。

4. 产业协作多维化

数字经济时代，市场边界被打破，竞争与合作关系日趋复杂，加大了要素组合和产业协作的难度，数字化转型有利于构建良好的产业生态，提升产业发展的整体动力。数字经济时代的产业协作，链接是首位，拥有是其次。通过技术、数字能力，把生产力要素变得空间更大、弹性更大，届时，所有的行业都可以被重新定义，产业协作呈现出多维化的趋势。

（三）产业数字化的主要着力点

1. 数据要素驱动

以大数据、云计算、人工智能为代表的数字科技的迅猛发展及其在众多行业领域中的深度渗透和应用，催生了海量数据并演化成为一种新的生产要素。数据作为数字经济的"石油"，有其独特的个性特征，已经引起社会各界的关注和重视，在社会经济活动中的地位不断提升。现实中基于数据要素驱动的产业数字化转型已有大量成功案例，新型基础设施建设相关政策的落地也为产业数字化转型按下了快进键。随着数据规模的持续扩大，数据要素驱动下的产业数字化转型将有更大的作为。

（1）数据要素催生全新的商业模式。近年来出现的共享经济、平台经济、生态经济及无接触式配送等商业模式，均离不开数据要素的驱动，数据催生了新的商业模式。数字科技的迅猛发展使基于数据的人、设备、场景、服务的无缝连接能力不断增强，数据资源作为一种新的资源要素打破了物理空间的制约，实现了更加自由的流动，对数据资源价值的挖掘利用将催生更多新商业模式。未来，随着万物互联，数据规模将呈指数级增加，再加上"黑科技"迭代周期缩短，在二者的交互作用下必然会催生更多新的商业模式，在助力产业全面升级的同时，更好地满足终端需求、消费者需求。

（2）数据要素驱动精准触达客户需求。无论产业数字化如何转型，都不能忽略它的商业本质，消费者"流量"是企业发展和产业崛起的关键。从发展脉络看，企业的发展历经了"产品为核心—服务为核心—技术为核心—数据为核心"的过程。当以数据为核心的时候，经济模式在变，商业模式在变，营销模式在变。通过数据要素分析，可以精准地了解客户需求，探索大规模个性化定制、新型小批量个性化定制、模块化设计与柔性化制造等多元化、个性化定制服务模式。

基于数据要素可实现产品数据与个人数据的精准匹配，让全产业链从设计研发、生产制造到终端销售各环节以一种透明化、可视化、灵活化的方式运行，最终实现产业生产能力与消费需求联动，从而最大限度地提升企业生产效率，实现产业全链条效能提升，加速产业数字化转型。

2. 科技平台支撑

数字科技飞速发展衍生出的新工具和新方法，不但加速了社会形态和经济时代的更迭，也为认识人类社会的发展提供了新视角。平台模式是数字化转型和落地的主要实现方式，在产业数字化进程中发挥着产业要素资源的连接器、企业形成数字合力的加速器、培育新型产业组织的孵化器等积极作用，使长期困扰企业的数字化转型成本高、数字化专业人才短缺、数字化转型能力不足等问题迎刃而解。

（1）科技平台成为产业要素资源的连接器。科技平台汇集了大量产业数据、模型算法、研发设计等各类资源和能力，接入平台的企业可以通过云接入和云处理等技术手段共享数字资源和数字能力，对分布在平台上的企业资源管理、业务流程、生产、供应链管理等环节进行优化，进而帮助实现企业与外部用户需求、创新资源及生产能力的对接。

（2）科技平台成为企业形成数字合力的加速器。数字科技平台搭建者借助平台推动内部系统的纵向集成和供应链上下游企业间的横向集成，在实现全产业链要素整合的同时加速推动自身朝着行业性和社会化平台方向转型，以此保持自身在行业竞争中的领先性和主导性。平台接入企业借助平台数字化赋能，可有效破解数字化技改能力弱、技改合力难、技改后数字化生产线维护难等难题，进而成为整个平台不可或缺的专业化合作伙伴。

（3）科技平台成为培育新型产业组织的孵化器。鼓励数字科技企业或传统行业领先企业率先打造互联网平台、物联网平台等，在平台建设过程中可通过加盟方式吸引其他科技企业和传统企业作为平台成员加入进来，成员可以采取数据加盟、技术加盟、应用加盟、付费加盟等方式加入虚拟产业联盟，形成产业数字化合力。

3. 品牌价值赋能

品牌价值作为企业的一种隐性资产，其在终端消费者引流方面有着独特的价值。在产业数字化转型过程中，不能只将眼光盯在"黑科技"上，而要转变思维，利用不断更新换代的数字科技让传统产业的品牌价值释放新能量、新价值。品牌价值推动产业数字化发展主要体现在以下两个方面：

（1）将品牌价值打造成为产业数字化转型的新亮点。以品牌价值为核心，根据产业转型需要，基于已有品牌认知、品牌资产、品牌忠诚度等，通过品牌联想逐步实现传统产业企业的品牌价值由线下向线上转移渗透，互联网企业的品牌价值由线上向线下转移渗透。通过品牌叠加更多"黑科技"，形成新品牌资产，打造新口碑效应，实现产业价值增值，由此加速推动产业数字化转型进程。

（2）推动品牌价值线上线下转移融合。在产业数字化发展中，各类企业应抢抓产业数字化转型机遇，利用自身在原有优势产业中拥有的品牌效应，通过自我颠覆式全系统重组完成品牌再造和重塑，将原有品牌效应转移到新的产业生态体系中。这里所说的品牌效应转移既有从线下到线上的转移渗透，也有从线上向线下的转移渗透。前者以传统产业中的知名企业为代表，这些企业将长期积累的行业口碑与影响力、品牌认知与忠诚度移植渗透到线上，完成线上线下生产资源的充分融合；后者以数字科技领域巨头或独角兽企业为代表，这些企业将借助先进的技术和独特的运营模式等优势拓展业务范围，延伸产业链，形成新的品牌资产，带来新的品牌效应。

4. 生态融合共生

跨界融合是产业数字化的发展趋势，未来产业数字化将更多地依托生态共建形式落地，使产业数字化打破地域、行业的边界。通过将实体生产要素（土地、技能、资金、人才等）与非实体生产要素（数据、知识等）充分融合，形成由多方合作伙伴共同组成、多方之间共同协作的共生、互生和再生的利益共同体，催生新的商业模式，营造适合产业数字化转型的良好生态环境。

（1）传统企业与数字科技企业跨界融合实现共生共赢。一方面，以数字经济为代表的新业态及共享经济、平台经济等新商业模式给传统产业带来了新挑战，传统产业企业面临前所未有的外部转型压力；另一方面，在数字科技优势的强大压力下，大量互联网科技企业成为传统产业企业强有力的潜在竞争者。互联网企业的蓬勃发展，孕育出了大量数字科技公司，以BAT为代表的互联网科技企业不断加速在传统产业方面的布局，使传统产业面临前所未有的融合。

（2）构建线上线下融合共生的全新产业生态体系。新产业生态体系的主要特征为：以自由流动的数据资源为基础，以数字科技族群为连接，以多元数字科技平台为依托，以共同价值主张为导向，打破原有线上或线下小生态使其融合共生，生态体系趋向于线上线下不同经济主体的共生共建，通过数字化连接建立起线上线下无缝衔接的商业生态。基于各种平台业务数据的实时共享，可提高产业链不同环节的响应速度，在催生新商业模式的同时为优化产业结构提供良好的生态环境。

5. 政府精准施策

政府精准施策是破解当前企业数字化转型能力不足、转型改造成本高、数字化人才储备不足等问题的助推力。产业数字化发展离不开政府的支持保障，数字化转型阵痛期比较长，单纯依靠企业力量推动难度大。

需要政府针对产业数字化发展提供强有力的政策支持、环境支持和措施支持。政府应加快创新政策服务体系的建立，为产业数字化提供宽松自由的发展环境，通过为传统企业和新兴数字科技企业搭建线上线下融为一体的新型撮合平台，帮助本地企业解决数字化转型中信息不对称带来的问题，精准把脉产业数字化转型痛点，为企业数字化转型提供精准的政策措施。

（1）创新数字化发展政策环境。数字经济作为一种新的经济形态，其发展模式、发展规模及发展需求等均与传统经济有着显著区别，这要求政府创新思维，形成能够契合数字经济发展的新政策体系，进而为各类经济主体的产业数字化转型提供良好的政策环境。通过优化政策环境，吸引更多高新科技企业和互联网领军企业落户本地，借助后者的技术优势和专业人才优势加速推动本地产业数字化转型，使产业数字化发展进入良性循环阶段。针对数字化人才短缺及储备不足问题，应拓展数字化转型多层次人才和专业技能培训服务，为产业数字化营造良好的环境。

（2）提供全天候实时撮合服务。政府通过自建或购买第三方服务等方式获得线上撮合平台服务，基于线上撮合平台为企业的产业数字化转型提供24小时无忧服务，通过在线直播、视频展播、线上对接等形式，实现企业产品数字化展示和对接交易，降低企业"上云、用数、赋智"所需成本。同时，基于数据实现精准撮合对接，加大政府方面对产业数据的开发力度，与数字科技企业合作，利用多维度产业政务数据精准了解产业发展痛点，进而为产业提供招商精准对接、资金精准对接和企业精准对接。

（3）提供精准靶向服务措施。我国产业数字化正在由初级阶段步入深化阶段，因此政府在政策措施制定和服务提供方面应该由"大水漫灌"向"精准滴灌"转变，针对不同类型企业、不同行业领域的产业数字化转型，提供精准靶向政策支持与措施服务，帮助产业数字化降低转型成本；针对产业数字化发展中的技术升级快、商业模式迭代快等特点，在政策措施上突出"短平快"特点，以此提升政策服务效率；针对重大产业数字化项目，可采取"一事一议"方式予以支持，以精准助力产业数字化转型发展。

（四）产业数字化的问题

（1）成本问题。在产业数字化转型中，需要进行数字化装备、数字化平台建设，这显然是新的信息化投入，公司成本会明显上升。另外，在企业数字化转型中，数字化转型人才严重稀缺，高端人才引入或合作成本较高。在传统产业数字化转型中，在投入成本可见的情况下，预期收益具有不确定性，如何找到成本和收益之间的平衡点，做好财务预算和成本控制，又不错过数字化转型的时机，是需要深入思索的问题。

（2）安全问题。传统产业在数字化转型中会产生大量的数据，数据作为数字化转型的关键投入要素，既有与资本、劳动等传统要素相似的生产驱动力，又能在优化社会资源配置、提升产业效率等方面发挥作用。但是，随着数字产业化的持续推进，所产生的数据来源广泛、信息复杂、形式多样，数据作为新型生产要素，需解决产权和安全等方面的问题，这对网络信息安全的防护能力提出了新的挑战。不同产业、不同企业因资金、技术的不同，导致数据的安全隔离存在问题。

（3）统一问题。目前，我国的产业数字化尚在摸索阶段，不同行业和区域的传统产业发展水平及数字化程度存在差异。一方面，不同行业在商业模式与运营管理上存在差异，数字化转型缺乏标准模式、标准流程、标准模块；另一方面，由于地区间信息化发展程度不同，导致传统产业数字化进程不一致，甚至形成了各自为战的局面。因此，传统产业数字化转型面临多重挑战，需总体规划、制定标准、对症施策、分类对待，避免陷入利益分割、表面化的误区。

（4）融合问题。数字经济是对冲经济下行压力、构筑科技创新和产业升级基础、建设现代化经济体系的关键领域。产业数字化以创新驱动为引领，以信息网络为基础，优化资源要素的组织配置，承载经济社会新供给、新需求，是支撑产业转型的新抓手。传统产业与数字化的融合，既包括设备设施等硬件方面的融合，也包括生产流程等软件方面的融合，是从生产方式、产品设计到服务延伸等各个环节的数字化再造，面临着人才、技术、资金等难题，需要统筹考虑区域和行业布局，抓住契机，稳步推进。

（五）产业数字化的发展建议

1. 政府层面的建议

持续优化数字化转型发展环境，需要政府的持续参与。具体来说，政府应从四个要素上促进产业数字化转型，如图 3-1 所示。

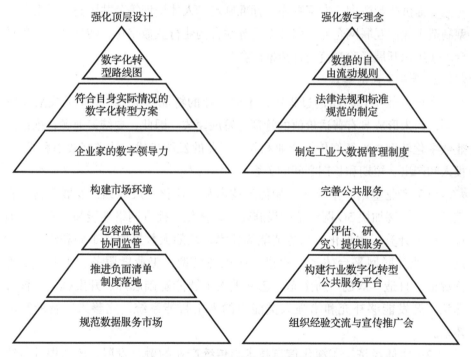

图 3-1　产业数字化转型的四个要素

（1）强化顶层设计。①研究制定推进企业数字化转型的路线图，明确数字化转型的目标、任务、路径、模式、风险等。②鼓励企业制定实施符合自身实际情况的数字化转型方案。③提高企业家的数字领导力。

（2）强化数字理念。①在法律法规层面确立大数据资产的地位，研究制定大数据管理制度，规范数据服务市场，加强用户权益保障。②针对数据自由流动出现的问题，加快法律法规和标准规范的制定。③基于不同的价值考虑，制定个人数据和非个人数据的自由流动规则。

（3）构建市场环境。①深化体制机制改革，推动开展包容监管、协同监管和平台治理，积极推进市场准入负面清单制度落地。②建设"互联网 + 监管"平台，通过大数据提升事中、事后监管规范化、精准化和智能化水平。③加强标准制定、质量保障、知识产业保护、信息安全保障。

（4）完善公共服务。①推进政务服务、公共服务、产业创新领域对大数据的应用，加快数字经济与实体经济的融合发展。②开展企业数字化转型能力评估，引导产业联盟、行业协会和科研机构等整合资源，加强对前瞻性问题的研究，提供政策咨询、专家智库、标准制定、人才培训等公共服务。③引导大型制造企业、互联网企业、服务企业等联合构建行业数字化，转型公共服务平台。④组织开展经验交流与宣传推广会。

2. 产业层面的建议

在产业数字化转型的过程中，不同产业的特征、生态、周期及发展逻辑不同，尚未形成具有普适价值的管理与发展模式。因此，要统筹兼顾，推进产业数字化转型，平衡好传统产业和新兴产业的发展步伐，处理好效率和成本、投入和产出、短期和长期之间的关系。

（1）产业基础。①突破智能传感技术和产业化发展瓶颈，发展万物互联基础设施。②加快 5G 网络基础设施建设，优化、提升网络性能和速率。③加快推进云计算、虚拟化、绿色节能等技术，统筹大数据中心布局和建设。④建立工业互联网平台体系，构建工业机理模型、工业微服务、工业 App 等资源池，打造"双创"新生态。⑤突破人工智能基础芯片、开发框架、核心算法，开发能够补充和增强人类能力的人工智能系统，完善人工智能算法体系。

（2）实体经济。①深化信息技术与传统产业的融合发展，改造提升传统实体经济。培育融合新模式、新业态，催生实体经济发展新动能。②加快建设智能工厂。支持离散行业的智能化改造，促进生产过程的精准化、柔性化、敏捷化；支持流程行业围绕智能化需求，加快工厂的智能化、绿色化改造，促进生产过程的集约；实现工厂生产高效、动态优化、安全可靠和绿色低碳；推进量大、面广的中小制造企业的智能工厂建设。③加快培育新型制造模式。培育网络化协同、个性化定制、服务型制造等新模式；培育工业电子商务、产业链金融、共享制造等新业态。④推动产业集群升级。提升传统产业集群的集约化、高效化、品牌化，推进制造业产业集群的产能柔性化、产业链协同优化，重塑产业集群供应链和空间布局，培育形成一批在线产业集群，打造贯穿创新链、产业链、资金链的制造业创新生态。

3. 企业层面的建议

（1）组织管理。①提升企业数字转型能力。培育数字化转型解决方案，加快推动企业经营管理自动化、数字化、智能化，改造核心设备和业务系统线上化，为数字化转型提供条件。②推行组织结构变革。构建"责权利"明确的组织管理体系，基于数字化的平台型组织、网络型组织、生态型组织，解决决策迟缓、信息不畅、机构臃肿等问题。③调整企业管理机制。构建自我管理机制、全员共治机制、内部创业机制。④加强数字人才培育。培养基于数据化决策的领导者，塑造创新型文化，培养员工数字化技能，建设产学研相结合的基地。

（2）运营管理。①核心业务方面，加快企业研发设计、生产制造、经营管理等核心业务系统云迁移，降低硬件、软件、部署、运营等成本。②产品服务方面，构建数字化、网络化、智能化的产品、服务，实现知识开放共享、制造资源弹性供给、制造能力在线交易。③场景应用方面，培养协同设计、协同供应链管理、产品全生命周期管理、供应链金融等平台应用新模式。

数字产业化和产业数字化是推动数字经济发展的重要路径和对策。通过数字产业化和产业数字化的推动，可以实现传统产业的升级转型、提升经济运行的效率和质量、提高企业的竞争力和创新能力等目标。为了实现数字产业化和产业数字化的发展目标，需要加强创新驱动发展，提升数字化能力和基础设施建设水平，加强政策支持、培育数字经济新动能等。通过多方合作，共同推动数字产业化和产业数字化的发展，为数字经济的快速发展提供强有力的支持。

第三节　优化产业结构与产业融合

产业结构的高度化本质上是由劳动密集向技术密集、知识密集转变。产业结构高度化是产业结构转型与升级的一个重要维度，是从低层次到高层次的动态变化。产业结构的高度化既包括数量的增加，还包括质量的提高。

一、产业结构优化

产业结构的优化是推动经济发展的关键步骤，其核心在于，依据市场需求和资源禀赋，合理调整产业结构，使之更加高效、协调、可持续。具体来说，我们应着重发展新兴产业，特别是高新技术产业和绿色产业，同时，对传统产业的升级改造也需同步进行，以提高整个产业体系的竞争力。

二、技术进步与效率提升

技术进步是推动产业结构优化的重要动力。通过科技创新，不仅可以提高生产效率，降低成本，还可以促进新产品的开发和推广，满足市场需求。因此，我们应积极引导和推动技术创新，加大研发投入，提升产业的科技含量和附加值。

三、资源与能源优化配置

在优化产业结构的过程中，资源与能源的优化配置具有不可忽视的重要性。我们需要提高资源的利用效率，减少资源浪费，推动资源的循环利用。同时，应加大对可再生能源的开发和利用，减少对化石能源的依赖，实现能源的绿色转型。

四、产业融合概念与方式

产业融合指不同产业间相互渗透、交叉、重组，形成新产业形态的动态过程，其方式主要包括高技术渗透融合、产业间延伸融合以及循环经济型重组融合等。通过产业融合，可以促进产业链的延伸和拓宽，提高产业的附加值和竞争力。

五、高技术渗透融合

高技术渗透融合指通过高新技术对传统产业的渗透和改造，提升传统产业的科技含量和附加值。例如，信息技术、人工智能等高新技术在制造业的广泛应用，使得制造业实现了智能化、数字化，提高了生产效率。

六、产业间延伸融合

产业间延伸融合指通过产业链的延伸和拓展，实现不同产业间的连接和融合。比如，农业、工业、服务业之间的融合发展，可以形成农业产业链、工业产业链、服务产业链的相互衔接，实现产业间的协同发展。

七、循环经济型重组融合

循环经济型重组融合是基于循环经济的理念，通过资源的循环利用和产业链的重组，实现产业间的深度融合。这种方式不仅可以减少资源的浪费和环境的污染，还可以推动产业的可持续发展。

总的来说，优化产业结构与产业融合是推动经济发展的重要途径。我们需要从多个方面入手，积极推动产业结构的优化和产业间的融合，以实现经济的高效、协调、可持续发展。

第四节　案例分析

案例1：平安人寿业务数字化

根据国家"十四五"规划的要求，推动保险业向高质量转型和发展，需要坚持科技创新。时代在飞速发展和变迁，被称为"Z世代"的95后不仅是互联网的原住民，更是移动互联网的原住民。相比于其他年龄阶层，他们更强调社交性、移动性和个性化。在这种情况下，寿险业务将面临三大困难：

第一，获客难度越来越大。获客难是一个老问题，寿险行业的发展离不开主顾开拓，主顾开拓做不好，寿险业务就做不好，未来更是得年轻人者得天下。年轻人的生活方式与其父辈是不同的，如何服务好年青一代的客户是值得我们思考的问题。

第二，增员和队伍发展越来越困难。随着经济的飞速发展，很多线下服务行业（如外卖、快递、网约车等）都在分流寿险代理人的队伍。

第三，组织推动越来越困难。近年来，寿险业务得到高速发展，但在某种程度上存在粗放式经营的问题，"打哪儿指哪儿"策略对后续的发展产生很大影响。

随着时代、客户群的变迁以及科技的发展，寿险行业需要破圈、出圈，深度拥抱互联网、大数据等新科技，开展模式创新。唯有破圈、出圈，寿险行业才可能有更好的发展空间。平安集团旗下的平安人寿近年来在前台、中台和底层科技建设等方面做了三方面的数字化转型改革。

第一，线上、线下、前台方面，通过线上和线下相结合来主顾开拓，线上拓客，线下转化以提升产能。对于前台客户，目前寿险企业主要依靠线下门店，或者仅仅利用互联网开发简单产品。即使线上获客量很大也无法落到线下，特别是高保障产品的销售难度很大。此外，传统寿险企业从线下走到线上也较为困难。因此，平安人寿近年来采用线上线下相结合的模式：公域流量采用树立人设、精细促活和重视变现的"三板斧"，私域流量利用百万代理人，公域流量和私域流量相结合，最终实现流量裂变。此改革使得代理人平均获客量达到原来的3倍。

第二，智能化大脑中台方面，从目标设定到行为追踪，全域数字化经营，深入洞察客户，分群经营。对内的智能化中台，即全域经营管理平台，是寿险公司的大脑。所有数据下载到下属营业部和营业组，总部及各层级的活动都录入中台系统中，这样可以提前预测发展趋势，提前发现问题，及时解决问题，从而将以前经营管理中的"打哪儿指哪儿"变成"指哪儿打哪儿"。此外，利用大数据技术对客户进行精准分层，做智能化精准营销，帮助销售队伍开展傻瓜相机式的客户开发和推进工作。智能化中台是转型的核心。

第三，大数据等底层科技方面，构建人工智能模型，打造画像图谱体系，建立全域因子数据库。

寿险企业必须拥抱互联网、大数据，利用科技开展数字化转型，才有可能成功。但又不仅限于此，更重要的是文化、观念、思维的转变，只有执行层做出效果，才是真正的数字化转型。

案例2：挚达科技——用供应链数据能力实现补链强链

京东通过自身供应链与中小企业产生深度协同，帮助它们打破供应链"孤岛"、补齐短板，增强抗风险能力。通过产业生态圈建设，将中小企业纳入京东服务商体系，助其拓展市场、提升技术服务能力，从而达到"强链"的效果。

2020年，工信部中小企业发展促进中心联合京东发布了全国性中小企业服务行动——"满天星计划"，在全国各地启动"一城一策"式的专项服务，截至 2021 年底，已覆盖全国 28 个城市，惠及 120 万家中小企业。其中，京东服务的省级专精特新中小企业超过 2.7 万家、专精特新"小巨人"超过 3200 家，占全国近 70%。2022 年 1 月，京东联合北京市中小企业公共服务平台，共同启动面向北京"专精特新"中小企业的"2022 专精特新暖心服务计划"，在金融服务、商品服务、商事服务、销路拓展等领域，帮助"专精特新"中小企业"减压减负"，强化竞争力，打造发展新动能。

"小巨人"挚达科技是国内最早一批布局新能源汽车充电设备的企业，拥有强大的技术能力，但欠缺终端消费者市场的运营经验，也缺乏与之匹配的精准客户渠道。2021 年 6 月，挚达科技通过与京东合作，成功找到了撬动终端消费者市场的"密码"。

在同挚达科技的合作中，京东覆盖线上线下的全渠道，成功帮助挚达科技快速建立覆盖全国的渠道体系，实现了向全地域、全客群的渗透。同时，京东的高质量用户也与挚达科技的目标客群高度匹配，为挚达科技在终端消费者市场快速"破冰"、强化品牌影响力提供了有力支撑。2021 年 8 月，挚达科技在京东的营业额环比增长近 10 倍。

第五节 小结

数字经济与产业发展之间存在着密切的联系和相互促进的作用。这种关系不仅体现在个性主义风潮与数字经济的协调发展上，也体现在数字产业化与产业数字化的转型升级上，更体现在优化产业结构与产业融合的创新发展上。未来，随着数字技术的不断创新和应用，数字经济将在推动产业发展方面发挥着更加重要的作用。我们需要进一步加深对数字经济与产业发展关系的理解，加强技术创新和人才培养，优化政策环境和监管机制，以推动数字经济与产业的深度融合和协同发展，为经济社会的持续健康发展注入新的动力和活力。

第一，个性主义风潮与数字经济的协调发展是推动市场繁荣和创新的重要动力。在数字经济时代，消费者需求日益多样化和个性化，这为个性主义风潮的兴起提供了土壤。而数字经济通过大数据、云计算、人工智能等先进技术，实现了对消费者需求的精准洞察和快速响应。这种基于数据驱动的个性化产品和服务，不仅满足了消费者的个性化需求，也为企业创造了新的价值增长点。同时，个性主义风潮的盛行也推动了数字经济的不断创新和发展，为市场带来了更多的活力和可能性。

第二，数字产业化与产业数字化是推动传统产业转型升级和新兴产业崛起的关键途径。数字产业化指将数字技术应用于传统产业，通过智能化、自动化等手段提升产业的生产效率和产品质量。这种数字化转型不仅提高了传统产业的竞争力，也为其注入了新的活力。产业数字化指新兴产业以数字技术为基础，通过创新模式和业态，实现产业的快速发展和壮大。这些新兴产业在数字经济的推动下，迅速崛起并成为经济增长的新引擎。数字产业化与产业数字化的协同发展，共同推动了产业的升级和转型，为经济发展注入了新的动力。

第三，优化产业结构与产业融合是数字经济推动产业发展的重要体现。数字经济通过整合各方资源、提升产业效率、推动跨界融合等方式，优化了产业结构，提高了产业的竞争力。同时，数字经济促进了不同产业之间的融合和协同发展，形成了更加多元化、高效化的产业生态体系。这种产业融合不仅有助于提升产业的整体效益和水平，也为经济发展带来了新的增长点。同时，新兴产业的崛起也带来了新的市场竞争和规则变化。此外，数据安全、隐私保护等问题也日益凸显，对数字经济的健康发展提出了更高要求。

第四章　数字经济平台构建及典型案例

我们处在一个技术飞速进步、经济快速发展的社会，"数字经济"这一专有名词的出现和广泛应用，反映着时代已经到来和正在到来的变革，孕育着社会经济的未来走向。数字经济已成为国家的重要战略发展方向，同时被视为经济增长的新引擎。

数字经济是继原始经济、农业经济、工业经济之后的主要经济形态，是以数据资源为关键要素，以现代信息网络为主要载体，以信息通信技术融合应用、全要素数字化转型为重要推动力，促进公平与效率更加统一的新经济形态。

维基百科（Wikipedia）提出，数字经济是与互联网经济（Internet Economy）、新经济（New Economy）、网络经济（Web Economy）等概念表达相似或相同的观念。根据相似度和相关性由近及远，这些概念家族成员从内而外可以分为三层：第一层是核心成员，也是相似度最高的概念群，包括信息经济、信息技术经济学、互联网经济、网络经济等；第二层是宏观经济意义的新概念，包括虚拟经济、新经济等；第三层是相关的边缘概念，还包括第二经济、知识经济、赛博经济、"互联网 +"、信息化等。

根据国务院印发的《"十四五"数字经济发展规划》，数字经济是继原始经济、农业经济、工业经济之后的主要经济形态，2023 年，我国数字经济保持稳健增长，数字经济核心产业增加值占 GDP 比重达到 10%。数据要素市场日趋活跃，2023 年数据生产总量达 32.85ZB，同比增长 22.44%。数字基础设施不断扩容提速，算力总规模达到 230EFLOPS，居全球第二位。

我国的数字经济由数字产业化和产业数字化两部分组成。所谓数字产业化，指数字技术创新带来的产品和服务，如电子信息制造业、信息通信业、互联网行业、软件服务业等；产业数字化指产业原本存在，加上数字技术之后带来新的产出增长。数字经济被视为经济增长的新引擎，因其具备海量数据、可替代公司的平台、智能化的经济活动等特征，从而带来了技术、模式、产业、组织、文化的变革。

数字经济的发展历程是一个技术不断创新、应用不断普及、经济形态不断演进的过程，每一阶段的发展都伴随着技术的突破和应用的普及，为人类社会的经济发展和生活方式带来深刻变革。20 世纪 60 年代，电子计算机和计算机系统的研制有了新的突破，电子计算机出现小型化倾向，计算机普及到商业管理领域、自动控制行业和科学单位等，随着小型机飞速发展和推广，计算机进入人类生活的各个领域，数字技术开始萌芽，虽然尚未广泛应用于经济活动，但为后续的技术发展和普遍应用奠定了技术基础。1971 年，美国英特尔公司研发了一种单片式的中央处理器（CPU），即微处理器，是微型计算机必不可缺的最重要的组成部分。微型计算机问世后，发展势头迅猛，几乎每隔两年就会换代一次。各公司抓住时代浪潮，推动计算机能力的不断提高和个人电脑运算速度的翻倍提升。随着数字技术重大发展，计算机开始进入家庭，但尚未形成规模化的数字经济形态。

20 世纪 90 年代，互联网技术开始普及，互联网成为数字经济的奠基石。电子商务、在线支付等领域开始兴起，数字经济一词开始受到关注，并逐渐被定义为一种特殊的经济形态，其本质为"商品和服务以信息化形式进行交易"。2007 年，苹果公司发布了第一款 iPhone，移动互联网飞速发展，移动支付、移动购物、移动办公等应用不断涌现，数字经济进一步向移动端发展。随着云计算、大数据、人工智能等技术的发展和进步，数字经济进入了大数据时代。数据是数字经济的重要生产要素，数据分析和挖掘成为数字经济的核心能力。数字经济已经成为全球经济的重要组成部分，推动着社会经济的转型升级。数字经济正在向更高级别发展，如区块链技术、物联网技术等。当今，数字经济已经深入到社会经济的各个方面，不仅推动了产业数字化，还推动了数字产业化的发展。世界各国已经将发展数字经济上升为国家战略，重点推进 5G 网络、数据中心、工业互联网等新型基础设施的建设。数字经济正在引发生产方式、生活方式和治理方式的深刻变革，成为重组全球要素资源、重塑全球经济结构、改变全球竞争格局的关键力量。

数字经济的发展促进了平台的兴起，在数字化时代，数字技术成为推动经济社会发展的新动能，数字平台成为新的产业组织模式，在购物、社交、资讯、出行、绿色金融、健康等领域涌现出一批超大规模的数字平台企业，如阿里巴巴、腾讯、百度、美团等。相应地，数字平台市场作为新的经济业态应运而生。其中，数字平台市场作为数字经济中的一种特殊形态，是数字经济的重要组成部分。换句话说，在提及数字经济市场的时候，平台是重要的分析要素。

数字经济平台能够充分采集、共享、利用各类主体的数据，打破时空限制，链接各类主体，为全社会资源调配、物资流转、网上办公等提供重要支持。这种作用在抗击新冠肺炎疫情过程中得到了显著体现，数字经济平台通过信息聚合和数据共享，有效支持了疫情防控和经济社会发展。数字经济平台不仅提供信息、搜索、竞价、调配、社交、绿色金融等综合性服务，还通过构建联动交互的数字经济生态，制定交易规则，维护交易秩序，从而极大地提高了交易效率。数字经济平台作为数字经济的主体，其多元发展已经涌现出众筹、众包、众扶、共享等诸多基于互联网平台的新经济模式。在区块链、人工智能、大数据、物联网、云计算等新技术引领下，融合企业和市场功能的数字经济平台发展越来越快，推动数字经济向更高层次、更广领域迈进。数字经济平台有利于加快数据与资本要素的融合发展，为实现数字经济与实体经济相结合提供生产要素的价值优势。这种结合有助于重构企业估值价值，激活数据市场主体的积极性，为企业对数据进行深度开发提供多渠道资金支持和业务支撑。数字经济平台的发展有利于培育数据产业生态，催生新数据交易平台，为数字经济发展培育新的经济增长点。这有助于推动数据市场的繁荣和发展，进一步推动数字经济的发展。

同时，数字经济平台还融合企业和市场功能，兼具一定的政府、行业协会和公益组织等的公共属性，对国民经济起到支撑性、稳定性的作用。这种融合使得数字经济平台在特殊时期、特殊背景下，能够稳定就业，保障民生。不过，尽管数字平台是企业开展数字营销实践的主要市场，但若没有良好的平台治理，很容易出现平台垄断、不正当竞争、数据泄露、用户隐私被侵犯等问题。因此，平台治理对营造健康繁荣的平台市场环境而言至关重要。

本章从数字经济平台构建方面进行详细讲述，深入剖析其技术支撑、基础设施与生态体系的构建。同时，通过典型案例分析，如工业互联网企业云平台、园区云建设、行业云平台以及区域云平台等，具体展现数字经济平台在实际应用中的成效。同时，本章还对国内主流工业互联网平台的发展进行深入分析，探讨其发展趋势与前景。另外，将探讨企业上云的路径，并通过典型案例揭示企业上云过程中的实际效益及其面临的挑战。

第一节　工业互联网企业云平台

一、工业互联网企业云平台优势

工业互联网（Industrial Internet）是新一代信息通信技术与工业经济深度融合的新型基础设施、应用模式和工业生态，通过对人、机、物、系统等的全面连接，构建起覆盖全产业链、全价值链的全新制造和服务体系，为工业乃至产业数字化、网络化、智能化发展提供了实现途径，是第四次工业革命的重要基石。

工业互联网是新一代信息通信技术与现代工业技术深度融合的产物，是制造业数字化、网络化、智能化的重要载体，也是全球新一轮产业竞争的制高点。工业互联网包括网络、平台、安全三大功能体系，其中，网络体系是基础，平台体系是核心，安全体系是保障。工业互联网正成为领军企业竞争的新赛道、全球产业布局的新方向、制造大国竞争的新焦点。

作为工业互联网三大要素之一，工业互联网平台是工业全要素链接的枢纽，是工业资源配置的核心。工业互联网平台是面向制造业数字化、网络化、智能化需求，构建基于海量数据采集、汇聚、分析的服务体系，支撑制造资源泛在连接、弹性供给、高效配置的工业云平台，包括边缘、平台（工业 PaaS）、应用三大核心层级。可以认为，工业互联网平台是工业云平台的延伸发展，其本质是在传统云平台的基础上叠加物联网、大数据、人工智能等新兴技术，构建更精准、实时、高效的数据采集体系，建设包括存储、集成、访问、分析、管理功能的使能平台，实现工业技术、经验、知识模型化、软件化、复用化，以工业 App 的形式为制造企业创新各类应用，最终形成资源富集、多方参与、合作共赢、协同演进的制造业生态。

在工业互联网平台体系架构中，第一层是边缘，通过大范围、深层次的数据采集，以及异构数据的协议转换与边缘处理，构建工业互联网平台的数据基础。第二层是平台，基于通用 PaaS 叠加大数据处理、工业数据分析、工业微服务等创新功能，构建可扩展的开放式云操作系统。第三层是应用，形成满足不同行业、不同场景的工业 SaaS 和工业 App，形成工业互联网平台的最终价值。除此之外，工业互联网平台还包括 IaaS 基础设施，以及涵盖整个工业系统的安全管理体系，这些构成了工业互联网平台的基础支撑和重要保障。

专栏1-1	从工业云到工业互联网平台演进的五个阶段

工业互联网平台与工业云有本质的区别，又有许多联系，工业互联网平台是传统工业云功能的叠加与迭代。从过去几年的工作实践及技术和产业发展趋势来看，工业云平台向工业互联网平台演进经历五个阶段。

阶段 I，成本驱动导向。主要是研发设计类工具上云。云计算具有资源池化、弹性供给、按需付费等典型特征，能大幅降低企业购买研发工具的成本，提高企业研发效率，因此，降低成本是工业云平台起步发展阶段首要考虑的因素。

阶段 II，集成应用导向。主要是在研发设计类工具上云的基础上，推动核心业务系统上云。

阶段 III，能力交易导向。在企业研发设计类工具、核心业务系统上云之后，底层的设备和产品开始上云，工业云平台开始演进为工业互联网平台。

阶段 IV，创新引领导向。在企业研发设计类工具、核心业务系统、底层的设备和产品开始上云之后，制造业架构体系发生了革命性变革，"云计算＋边缘计算"成为计算能力新组合，微服务架构成为知识经验封装的新模式，工业 App 成为新型软件形式。

阶段 V，生态构建导向。随着海量第三方开发者与通用工业 App 的出现，工业互联网平台将进入一个以生态构建为导向的新阶段。当前 GE、西门子等领军企业都在围绕"智能机器＋云平台＋工业 App"的功能架构，培育海量第三方开发者开发工业 App，构建基于平台的制造业生态，不断巩固和强化制造业竞争优势。

二、企业云平台在数字化转型中的作用

在当今这个数字化浪潮席卷全球的时代，企业的数字化转型已经成为不可逆转的趋势。为了实现更高效、更灵活、更智能的运营模式，企业云平台作为数字化转型的重要支撑，正在发挥着越来越重要的作用。

企业云平台通过提供强大的数字化支持，推动企业实现数字化转型。云平台可以帮助企业实现多渠道的数字化营销、智能化的供应链管理以及快速的业务响应，使企业更加适应市场环境，从而提高竞争力。

随着企业数据量的不断增长，传统的数据存储方式难以满足需求。企业云平台通过云计算技术，实现了数据的集中存储和统一管理，大大提高了数据存储的效率和安全性。同时，云平台还能实现对海量数据的快速分析和处理，为企业决策提供有力支持。

采用云服务，企业无须再为高昂的硬件投资和维护费用而担忧。云服务提供商通常按照使用量收费，使企业能够更加精确地控制 IT 成本。此外，云服务提供商负责硬件的维护和升级，让企业可以将更多精力投入到核心业务的创新和发展上，从而提升运营效率。

在数字化转型过程中，数据安全性至关重要。云服务提供商拥有专业的安全团队和先进的技术手段，能够为企业提供多层次、全方位的数据安全保障。通过数据加密、备份和恢复等措施，云服务可以有效地保护企业的数据安全，避免因数据泄露或丢失而带来损失。

随着云计算技术的不断发展和完善，企业云平台已成为企业实现数字化转型的重要工具。它不仅能够提升数据存储与处理效率、降低 IT 成本、增强数据安全性，还能够助力企业实现数字化转型的目标。因此，在数字化转型的道路上，企业云平台将发挥越来越重要的作用。

三、企业云平台的指数支撑

企业云平台构建的关键技术涵盖云计算、大数据、物联网和人工智能等领域。这些技术共同构成了企业云平台的核心架构，为企业的数字化转型提供强大支持。

云计算作为企业云平台的基础，提供了虚拟化、网络管理、数据存储与备份等关键技术。虚拟化技术能够将物理硬件资源抽象为虚拟资源，使应用程序在不同的虚拟机上部署和运行。这包括虚拟机管理程序（如 VMware、Hyper-V、KVM 等）和容器技术（如 Docker、Kubernetes 等），它们为企业提供了更加灵活和高效的资源管理方式。而网络管理是云计算平台的关键组成部分，它提供了集中管理和分配网络资源的方式。通过软件定义网络（SDN）和网络虚拟化技术（如 VXLAN、NVGRE 等），网络资源得到了合理分配和高效利用。云计算提供了强大的数据存储和备份能力，企业可以将数据存储在云端，通过网络随时随地进行访问和管理。这种高可靠性和高安全性的数据存储解决方案，确保了企业数据的安全性和完整性。

大数据技术在企业云平台中扮演着重要的角色，它支持海量数据的存储、处理和分析。随着数据量的不断增长，传统的数据存储方式已经难以满足需求。云平台提供了高效的数据存储和处理能力，支持对海量数据进行快速分析和处理，以获取有价值的信息和洞察。数据可视化和分析是大数据平台的关键部分。通过数据可视化和分析工具（如 Tableau、Kibana 等），企业可以发现数据中的规律和模式，为后续的数据应用提供支持。

物联网技术通过将各种物理设备连接到云平台，实现了数据的实时收集、传输和处理。云平台为物联网设备提供了高效的数据存储和处理能力，支持对从设备中收集的大量数据进行实时分析和处理。云平台还为物联网应用的开发和部署提供支持。开发人员可以使用云平台的各种工具和资源来开发并测试应用程序，且可以很方便地将应用程序部署到云平台上，实现快速上线和升级。

人工智能技术在企业云平台中的应用日益广泛，它为企业提供了更加智能化和自动化的服务。AI 技术可以用于各种企业流程，如智能客服系统、供应链管理、财务报告和数据分析等，从而提高效率和准确性。云平台提供多种人工智能服务，如人脸识别、智能门禁、图像识别、语音技术、智能机器人、自然语言处理和文字识别等。这些服务可以帮助用户快速地构建和部署 AI 应用，降低开发和维护成本。

四、案例——江西无锡红豆西服智能工厂

江西无锡红豆西服智能工厂是全国首个服装行业的 5G 智能工厂。红豆西服智能工厂的建设背景源于对传统制造模式的转型升级的需求，以及对市场需求快速响应的迫切要求。其建设目标是通过工业互联网平台实现生产过程的数字化、网络化和智能化，提升生产效率、降低生产成本、提高产品质量，并满足消费者个性化需求。

新质生产力的特点是创新，创新驱动实质上是人才驱动，高水平创新人才供给是形成和发展新质生产力的前提。红豆西服智能工厂通过引进和培养具备数字化技能的人才，推动企业的数字化转型和升级。企业鼓励员工自主学习和成长，为员工提供良好的职业发展平台，激发员工的创新精神和创造力。

此外，人工智能技术在红豆西服智能工厂中发挥了极为重要的作用。通过引入机器学习、深度学习等算法，实现了对生产数据的智能分析和预测。同时，通过智能制造技术的应用，实现了生产线的自动化和智能化，提高了生产效率和产品质量。红豆西服智能工厂依托云计算和大数据技术，实现了生产数据的集中存储、处理和分析。通过构建数字化生产管理一体化平台，实时收集生产过程中的各类数据，并进行深度分析和挖掘，为企业的决策提供有力支持。物联网技术在红豆西服智能工厂中得到广泛应用。通过在生产线上部署各

种传感器和智能设备,实现对生产设备的实时监控和远程控制。同时,通过物联网技术将生产过程中的各个环节紧密连接起来,实现信息的实时共享和协同作业。

(一)智能工厂生产体系构建

红豆西服智能工厂生产体系的构建包括产品个性化、设计协同化、供应敏捷化、制造柔性化、决策智能化五个方面。

(1)红豆西服智能工厂注重产品个性化设计。通过引入数字化设计工具和技术,实现了对产品的快速设计和定制。同时,借助互联网平台收集消费者的需求和反馈,不断优化产品设计,满足消费者的个性化需求。

(2)在产品设计过程中,红豆西服智能工厂注重设计协同化。通过建立设计协同平台,实现了设计师、工程师、生产人员之间的实时沟通和协作。通过共享设计数据和资源,提高了设计效率和质量。

(3)红豆西服智能工厂通过优化供应链管理,实现了供应敏捷化。通过建立数字化供应链管理系统,实时跟踪原材料、半成品和成品的库存和物流信息。同时,通过引入智能预测算法,提前预测市场需求和供应状况,实现了快速响应和精准调度。

(4)红豆西服智能工厂通过引入柔性制造技术,实现了制造柔性化。通过配置可重组的生产线和模块化设备,实现了对生产线的快速调整和变化。同时,通过引入智能制造技术,实现了对生产过程的智能控制和优化,提高了生产效率和产品质量。

(5)红豆西服智能工厂通过构建数字化决策支持系统,实现了决策智能化。通过收集和分析生产过程中的各类数据,利用人工智能技术进行预测和分析,为企业提供了科学的决策支持。同时,通过建立数据驱动的决策机制,实现了对生产过程的精准控制和优化。

智慧工厂是数字经济平台在制造业领域的典型应用。通过引入物联网、大数据、人工智能等技术,智慧工厂实现了对生产过程的实时监控和智能化管理。这不仅提高了生产效率和质量,降低了生产成本,还使得企业能够更好地应对市场变化和客户需求。智慧工厂的建设推动了制造业的数字化转型和智能化升级,为经济发展注入了新的动力。

(二)数字智能工厂效果

(1)生产效率显著提升。红豆西服智能工厂通过引入云计算、大数据、物联网和人工智能等先进技术，实现了生产线的自动化和智能化，从而显著提升了生产效率。数据显示，生产效率提高了20%，这为企业带来了更高的产量和更低的成本。

（2）库存与货品周转优化。借助智能化的生产管理和物流系统，红豆西服智能工厂有效减少了在制品库存，库存减少了40%。同时，货品周转提升了30%，这意味着企业可以更快速地响应市场需求，减少库存积压和资金占用。

（3）产品质量稳定可靠。通过智能吊挂线等智能化设备的应用，红豆西服智能工厂实现了对生产过程的实时监控和数据分析，确保了产品质量的稳定可靠。此外，人工智能技术的引入也帮助企业在生产过程中及时发现并解决问题，进一步提升了产品质量。

（4）客户满意度提升。随着生产效率的提升和产品质量的稳定可靠，红豆西服智能工厂的产品在市场上的竞争力得到增强。同时，企业能够根据客户的需求进行个性化定制和快速响应，提升了客户的满意度和忠诚度。

（5）荣誉与认可。红豆西服智能工厂的成功转型得到了行业的广泛认可和赞誉。目前，该工厂已获得工业和信息化部授予的5G全链接智能标杆厂、服务型制造示范企业、工业互联网标杆示范厂等多项国家级荣誉。

（三）经验总结

（1）科技创新是核心驱动力。红豆西服智能工厂的成功转型，充分证明了科技创新在推动企业发展中的核心作用。企业只有不断引入和应用新技术，才能保持竞争力和持续发展。

（2）人才是重要保障。在智能工厂的建设过程中，人才的作用不可忽视。红豆西服智能工厂注重培养和引进具备数字化技能和创新精神的人才，为企业的转型升级提供了有力保障。

（3）数字化转型需要全面规划。数字化转型不是一项简单的技术升级，而是一项涉及企业各方面的全面变革。红豆西服智能工厂在转型过程中注重全面规划，从生产、物流、管理等多个方面入手，实现了数字化转型的全面升级。

（4）持续优化和改进。智能工厂的建设是一个持续优化和改进的过程。红豆西服智能工厂在转型过程中不断总结经验教训，持续优化生产流程和管理方式，以适应不断变化的市场需求和技术发展。

（5）加强行业合作与交流。数字化转型是行业发展的必然趋势。红豆西服智能工厂在转型过程中注重与同行业企业的合作与交流，共同推动行业的数字化转型升级。这种行业合作与交流有助于企业借鉴先进经验、共享资源和技术成果，实现共赢发展。

第二节　工业互联网园区云建设

一、工业互联网园区云的意义和价值

（一）意义

园区云是一个概念，它指的是利用云计算、大数据、物联网等现代信息技术手段，将传统产业园进行升级和改造，形成一个综合化、集聚化、智能化的云端虚拟产业集群。这种模式旨在通过构建数字生态服务体系，为入园企业和个体经营者提供一系列云服务，如云上生产、智慧云仓、云端销售等，以打破地域发展局限，为地方经济发展带来新活力。园区云不仅是一个物理空间的概念，更是一个虚拟空间的概念，通过云端技术实现资源的共享和优化配置，提高产业效率。

工业互联网园区云基于云计算、物联网技术、大数据分析等先进技术，能够实现对园区内企业和设备的智能管理，优化设备维护维修工艺，降低故障率，提高设备运行效率和使用寿命。同时，通过对生产过程各个环节的数据进行收集和分析，实现生产过程的可视化和可控化，及时发现和解决问题，从而提高生产效率和产品质量。

工业互联网园区云通过连接园区内不同企业和环节的生产数据，实现产业链上下游信息的共享和协调，提高产业的整体效益和竞争力，促进产业转型升级。此外，云平台还可以优化资源配置和能源利用，降低企业的生产成本和环境影响，促进可持续发展。工业互联网园区云同时具有的灵活性和开放性，使得企业可以根据自身需要迅速构建新的商业模式和服务体系，实现差异化竞争和创新发展，支持新的商业模式创新。

工业互联网园区云通过提供的安全加密技术和风险评估系统，可以保障企业设备和数据的安全稳定，增强安全保护能力，有效应对网络攻击和数据泄露等安全风险。与此同时，工业互联网园区云作为数字经济的重要组成部分，

通过推广和应用，可以进一步推进数字经济的发展，提高数字化和信息化水平，助力经济高质量发展。

（二）价值

园区云可进行资源整合和共享，通过云计算技术，将分散在园区各处的计算、存储等资源进行集中管理，形成统一的资源池，实现资源的动态分配和共享。这不仅可以提高资源的利用效率，还可以降低园区的运营成本。

园区云平台可提升管理效率，提供从基础设施到应用商店的整体解决方案，可帮助企业用户基于现有信息化建设基础，提供如 SaaS 层的日志分析、数据分析等服务。智慧云平台可以实现对园区内各种设备、设施、资源的集中管理和智能化控制，园区管理者可以通过云平台实时了解设备的运行状态，及时发现并解决问题，从而提高设备的利用率和运行效率。

园区云可促进产业园区智能化，园区云利用云计算、大数据、物联网等技术的共同作用，通过智慧云平台，实现对各种设备的远程监控和管理，以及各类资源的智能调度和优化。智慧云平台可为园区内的企业提供各种线上服务，如信息发布、产品展示、交易平台等，有助于企业间的合作与交流，促进产业链的协同发展。

园区云通过大数据分析技术，实现对园区运行状态的精准感知和预测。通过对园区内各类数据的收集、存储和分析，可以及时发现园区运行中的问题和隐患，为决策提供科学依据。同时，通过对历史数据的挖掘和分析，可以预测园区未来的发展趋势，为园区的规划和发展提供有力支持。

园区云不仅提供基础设施服务，还提供了丰富的应用服务，如园区管理、数据决策、企业服务、大数据招商等，为园区管委会、产业园区、写字楼、双创空间等提供系统 + 服务，线上 + 线下相结合的解决方案。

综上所述，园区云的意义和价值在于通过云计算、大数据、物联网等技术的集成应用，实现园区资源的高效配置与利用，从而提升园区的管理效率和服务水平，促进园区的智慧化和可持续发展。

二、园区云建设的内容和步骤

（一）建设内容

（1）园区云的实践案例——云计算基础设施。搭建云计算基础设施，包括服务器、存储、网络等设备，以支持园区内各类数据的存储和处理。根据园区的规模和需求，选取适当的硬件设备，并进行部署和调试。

（2）物联网设备建设。在园区内部署各种传感器和设备，实现对环境、设备等实时数据的监测和收集，为园区智能化管理提供数据支持。

（3）大数据分析与挖掘。通过对收集的数据进行分析和挖掘，为园区管理者提供决策支持和优化方案，实现园区资源的高效利用。

（4）智能安防系统。整合监控摄像头、人脸识别、智能门禁等设备，提升园区的安全防护能力，确保园区内部安全。

（5）智能建筑管理。利用智能化设备和系统，实现对建筑能耗、设备运行状态等信息的实时监测和管理，提高园区的能源利用效率。

（6）人工智能应用。结合人工智能技术，如智能语音助手、智能客服机器人等，提升园区内部员工和访客的服务体验，提高管理效率。

（二）建设步骤

（1）确定需求与规划。明确园区云的建设目标、功能需求、技术选型等。制定详细的建设计划和时间表。

（2）硬件基础设施搭建。根据规划，选购和部署服务器、存储设备、网络设备等硬件设备。确保硬件设备的稳定性和可靠性。

（3）云计算平台软件部署。选择合适的云计算平台软件，如 OpenStack、VMware 等，并进行部署和配置。建立云计算服务平台的管理系统，实现资源的分配、监控和管理。

（4）物联网设备部署与集成。在园区内部署各类传感器和设备，确保能够实时收集数据。将物联网设备与云计算平台进行集成，实现数据的传输和共享。

（5）数据分析与挖掘系统建设。搭建数据分析与挖掘系统，对收集到的数据进行处理和分析。提取有价值的信息和指标，为园区管理者提供决策支持。

（6）智能应用开发与部署。根据园区需求，开发智能安防、智能建筑管理、人工智能应用等系统。将这些智能应用部署到云计算平台上，实现与硬件设备的联动。

（7）测试与优化。对园区云进行整体测试，确保各项功能正常运行。根据测试结果进行优化和调整，提高系统的稳定性和性能。

（8）运维与管理。建立完善的运维管理体系，确保园区云的稳定运行。

定期对系统进行维护和升级，保持系统的先进性和安全性。

三、云上电子商务产业园在园区智能化的经验

（一）背景简述

云上电子商务产业园是一个集电商服务、创业孵化与产品体验于一体的创新平台，是"云上开发区"的重要构成，围绕"电商综合服务、电商创业服务、产品体验服务"三大核心服务进行规划建设，旨在打造适应新常态、引领新发展的电商产业排头兵。

园区内规划建设了云上接待中心、人才中心、公共服务中心、创业孵化基地、创客咖啡和软件产业园等设施，这些设施集聚了苏宁易购运营中心、丝路 e 宝等知名互联网企业，形成了一个完整的电商生态圈。

依托楼兰云的云计算和大数据能力，园区进行了一系列的技术创新和智能化改造；通过整合新疆内外的各行业优秀人才，突破当地人才招聘的瓶颈，实现跨区域人才协同咨询合作。

园区力争成为"一带一路"电商生态集成中心和亚欧国际电商公共服务中心，致力于成为新疆首个拥有完整电商生态体系的国家电子商务示范基地。云上电子商务产业园已经成为新疆电子商务和互联网企业的重要集聚地，通过引进和培育一批优秀的电商企业，园区为当地提供了更多的就业机会，同时也为政府增加了税收收入，有着较大的影响力。

（二）经验总结

首先，智能化的规划和设计，云上电子商务产业园在规划阶段就充分考虑了智能化的需求，通过引入云计算、大数据、物联网等先进技术，打造了一个集电商综合服务、创业服务、产品体验服务于一体的智能化园区。园区内不仅配备了先进的硬件设备，还通过软件系统的集成，实现了各种智能化功能。

其次，电商服务与智能化技术深度融合。通过大数据分析，园区能够精准把握市场需求和消费者偏好，为入园企业提供个性化的电商解决方案。同时，园区利用物联网技术，实现了商品追溯、智能物流等功能，提高了电商服务的效率和用户体验。

再次，对于创新创业的支持，园区为创业者提供了全方位的支持，包括云上创业孵化基地、创客咖啡等设施。这些设施不仅提供了物理空间，还通

过智能化系统，为创业者提供了项目对接、资源共享、市场推广等一站式服务。这种智能化的创新创业支持，大大降低了创业门槛，提高了创业成功率。

云上电子商务产业园通过智能化系统实现了对园区各项资源的智慧管理与运营。例如，通过物联网技术对设备进行远程监控和维护，提高了设备利用率和维护效率；通过大数据分析技术对园区运营数据进行分析和挖掘，为园区管理者提供了科学的决策依据。

最后，园区在智能化建设过程中，始终注重安全保障体系的构建。通过引入先进的安全技术和设备，结合智能化系统的实时监控和预警功能，确保了园区数据的安全性和保密性。同时，园区定期开展安全培训和演练活动，提高了员工的安全意识和应急处理能力。

第三节　工业互联网行业云平台

一、行业云平台的作用和发展背景

行业云平台（Industry Cloud Platform，ICP）是由行业内或某个区域内起主导作用或掌握关键资源的组织建立和维护的云平台。该平台以公开或半公开的方式，向行业内部或相关组织和公众提供有偿或无偿服务。它整合了底层SaaS（软件即服务）、PaaS（平台即服务）和IaaS（基础设施即服务）等多种功能，形成了一整套产品，旨在推动与行业相关的业务成果。

行业云平台针对特定行业的需求和特点，提供可组合的功能和解决方案，满足企业的需求。例如，在制造业中，它可以提供具备工厂信息化、生产管理、质量控制等功能的云平台，帮助企业实现数字化转型和创新发展。

行业云平台的可扩展性和灵活性使企业能够随着业务发展和需求变化进行扩展及调整，满足不断增长的需求。通过优化 IT 资源管理和应用程序部署，能降低企业的成本和提高生产效率。通过提供高可用性和可扩展性的基础设施资源，确保企业的应用程序能够稳定运行并随着业务增长进行扩展。

随着云计算、大数据、物联网等技术的快速发展，行业云平台应运而生。这些技术为行业云平台提供了强大的技术支持，使其能够更好地满足行业内的各种需求。随着企业数字化转型的加速，越来越多的企业开始寻求通过行业云平台实现业务创新和优化。同时，随着市场竞争的加剧，企业对于降低成本、提高效率和优化业务流程的需求日益迫切。国家政策对行业云发展起到了推动作用。近年来，国家先后发布了多项政策文件，明确提出要推动各个领域实现"上云""上网""上平台"，并给出了相关支持措施，这些政策为行业云平台的发展提供了有力的保障和支持。

二、行业云平台构建与运营

（一）行业共性需求的识别与满足

需求识别应深入了解行业特性和市场趋势，识别出行业内普遍存在的共性需求。通过市场调研、用户访谈等方式，收集并分析行业需求数据，确保需求识别的准确性和全面性。

根据识别的共性需求，应设计并开发符合行业特点的平台功能和服务。提供灵活的定制服务，以满足不同行业客户的个性化需求。同时，持续优化平台功能和服务，确保满足行业发展的动态需求。

（二）平台资源整合与生态构建

整合行业内外的技术、数据、服务等资源，形成平台的核心竞争力。与合作伙伴建立战略合作关系，共享资源，共同推动行业发展。通过平台汇聚海量用户，形成规模效应，降低运营成本。

打造开放、协作、共赢的平台生态，吸引更多合作伙伴加入。提供完善的开发工具和 API 接口，支持合作伙伴快速接入平台。建立完善的生态规则和标准，确保平台生态的健康发展。

（三）服务模式与盈利模式创新

引入云计算、大数据、人工智能等先进技术，提升平台服务能力和效率；提供一站式的行业解决方案，帮助客户快速实现业务转型和创新；打造智能化的服务体验，提升客户满意度和忠诚度。

探索多元化的盈利模式，包括基于服务的收费、广告收入、数据销售等；引入绿色金融科技手段，如供应链绿色金融、区块链等，创新盈利模式；打造开放的平台生态系统，通过合作伙伴的共创共享实现盈利增长。

（四）案例分析——以天翼云平台为例

天翼云作为中国电信旗下的云服务品牌，致力于为企业提供安全、可靠、高效的云计算服务。近年来，天翼云在多个行业领域取得了显著成效，通过为不同行业定制专属的云平台解决方案，满足了行业的共性需求，推动了行业的数字化转型和升级。

行业云平台构建过程主要步骤如下：首先，深入了解目标行业的业务特性、IT基础设施现状以及未来发展需求，与行业客户进行深入沟通，明确其对于云平台的具体期望和要求。其次，根据需求分析结果，设计符合行业特性的云平台架构，确定平台的核心功能、技术选型、安全性设计等关键要素。再次，选择合适的服务器、存储设备、网络设备等硬件资源，整合云服务提供商的各类云服务资源，如计算、存储、网络等。最后，基于设计好的平台架构，进行平台的开发工作，开发过程中，需要注重平台的稳定性、可扩展性和易用性。

对开发完成的平台进行严格的测试，确保各项功能正常运行，根据测试结果进行性能调优，提升平台的整体性能。将平台部署到目标环境中，完成与现有系统的集成工作，对客户进行培训，确保客户能够熟练使用平台。建立完善的运维体系，确保平台的稳定运行。定期对平台进行升级，以适应行业发展和客户需求的变化。

由天翼云的构建过程可得出以下经验：在构建行业云平台之前，必须对目标行业有深入的了解。这有助于准确把握行业的需求和痛点，为平台设计提供有力支持。

行业云平台需要承载大量的业务数据和关键业务应用，因此平台的稳定性至关重要。在平台设计和开发过程中，必须注重稳定性测试和优化。安全性是行业云平台不可忽视的重要因素。在平台设计和开发过程中，必须考虑各种安全威胁和攻击手段，并采取相应的安全措施。

良好的用户体验是行业云平台成功的关键之一。在平台设计和开发过程中，必须注重用户体验的改善和优化，确保用户能够轻松、高效地使用平台。行业云平台需要不断适应行业发展和客户需求的变化。因此，必须建立完善的迭代升级机制，定期对平台进行升级和优化。

与行业内的合作伙伴建立紧密的合作关系，共同推动行业云平台的发展和应用。这有助于提升平台的竞争力和影响力。行业云平台汇聚了大量的业务数据，这些数据具有巨大价值。通过数据挖掘和分析，可以为企业提供有价值的业务洞察和决策支持。因此，在平台设计和开发过程中，必须注重数据价值的挖掘和利用。

第四节　工业互联网区域云平台

一、区域云平台的定义和特点

区域云平台是一个基于云计算技术的服务平台，它主要针对特定地理区域内的用户或组织提供服务。这样的平台通常部署在某个特定的区域内，如一个城市、一个省份或者一个国家内部，以满足该区域内用户对于计算资源、数据存储、网络服务等的需求。区域云平台通常由政府、大型企业或云服务提供商建立和维护，旨在为区域内的企业、研究机构和个人提供便捷、高效的云服务。这样的平台可以促进区域内的信息化建设，提升当地经济发展和创新能力。

区域云平台的特点包括以下七点：①地理集中性，服务主要集中在某一特定区域内，这样可以更有效地服务当地用户，减少数据传输的延迟，并可能符合特定的数据驻留和隐私法规；②资源池化，通过虚拟化技术，将物理硬件资源（如 CPU、内存、存储等）池化，以便能够动态地分配给多个用户和应用；③弹性扩展，区域云平台可以快速扩展或缩减资源，以满足用户不断变化的需求；④按需服务，用户可以根据自己的需求，灵活地租用所需的计算资源和服务，而无须大量投资于硬件设备和基础设施；⑤多租户支持，平台可以同时为多个用户或组织提供服务，每个用户的数据和应用程序在逻辑上是隔离的；⑥高可用性和灾备，区域云平台通常设计有高可用性和灾备方案，以确保服务的连续性和数据的安全性；⑦自助服务，用户可以通过云平台提供的界面或 API，自行管理和配置自己的资源和服务。

二、工业互联网区域云平台在智能制造中的应用

（一）实现设备互联互通与数据共享

工业互联网区域云平台能够通过物联网技术，将各种工业设备连接起来，实现设备之间的互联互通。这意味着不同设备之间可以实时共享数据和信息，从而提高生产设备之间的协同能力和生产效率。例如，生产线上的机器可以通过传感器采集数据，这些数据随后被上传到云平台进行分析和处理。

（二）提供全方位的数据服务

区域云平台可以实时采集并处理大量的工业数据。这些数据服务包括但不限于故障预测、生产优化、质量控制等，有助于企业实现生产运营的智能化和自动化。通过深度挖掘这些数据，企业能够更精确地了解生产状况，及时发现问题并进行调整。

（三）支持智能决策与优化生产流程

通过对大数据的分析，工业互联网区域云平台可以生成实时的数据报告，为企业提供决策支持。例如，根据实时的生产数据和市场需求信息，企业可以智能地调整生产计划，从而优化资源配置并提高生产效益。

（四）促进智能制造的转型升级

智能制造是制造业的未来趋势，而工业互联网区域云平台是推动这一转型的关键技术之一。云平台不仅帮助企业实现生产线的智能化升级，还能通过设备间的互联互通和对数据的深度分析，进一步优化生产流程，提升自动化水平，最终提高生产效率和产品质量。

（五）加强供应链管理与物流效率

除在生产环节中的应用外，工业互联网区域云平台还在物流与供应链管理中发挥重要作用。通过实时的物流信息跟踪和协调，可以提高物流运作的效率和准确性。同时，利用云平台对供应链数据进行深度分析和预测，有助于实现供需匹配，进一步优化供应链管理。

三、区域云平台建设的政策支持和技术创新

（一）政策支持

（1）国家级政策支持。①国家发展规划支持：国家在制定科技和产业发展规划时，将云计算和区域云平台作为重要发展方向，提出明确的发展目标和重点任务。②财政和税收优惠：为鼓励企业投资区域云平台建设，国家可能提供财政补贴、税收减免等优惠政策，降低企业成本，提高其建设云平台的积极性。③法律法规保障：国家出台相关法律法规，为区域云平台的建设和运营提供法律保障，规范市场秩序，保护知识产权和用户数据安全。

（2）地方级政策支持。①地方政府配套措施：地方政府根据国家政策，结合当地实际情况，制定具体的实施细则和配套措施，推动区域云平台的建设和发展。②产业集聚区建设：地方政府可能规划专门的云计算产业集聚区，吸

引相关企业入驻，形成产业链协同发展的良好生态。③人才引进和培养：地方政府出台人才引进政策，吸引国内外优秀人才参与区域云平台的建设和运营，同时加强本地人才的培养和提升。

（3）行业组织支持。①标准制定和推广：相关行业组织制定云计算和区域云平台的技术标准和规范，推动标准的实施和推广，提高整个行业的标准化水平。②行业交流和合作：行业组织搭建交流平台，促进企业之间的合作和交流，共同推动区域云平台技术的发展和应用。

（二）技术创新

（1）云原生技术：采用微服务架构，将应用程序分解为更小的服务，便于构建、部署和管理。利用容器技术，实现应用程序的轻量级、可移植性计算环境。引入服务网格，提升应用程序间的通信、发现和管理能力。

（2）边缘计算：将计算资源和服务迁移到靠近数据的设备上，减少延迟并提高性能。降低对数据中心的依赖，增强系统的弹性和可用性。更好地支持物联网设备和应用，拓展云平台的应用场景。

（3）人工智能和机器学习：利用 AI 和 ML 技术优化云平台的性能和效率，提升用户体验。实现自动化管理和运维任务，降低人工干预成本。开发智能服务和应用程序，为用户提供个性化、智能化的服务体验。

（4）量子计算探索：探索量子计算技术在云计算中的应用潜力，为云平台带来全新的计算能力。解决传统计算无法解决的复杂问题，开辟新的应用领域。

（5）可持续发展技术：关注云平台的能源效率和可持续性，减少碳足迹。探索利用可再生能源供电的可能性，实现绿色云计算。

四、案例分析——华为云工业互联网平台 FusionPlant 的云平台建设

FusionPlant 平台是华为基于其多年 ICT 技术积累和制造经验打造的开放式工业互联网平台。该平台聚焦于"联结 + 云"，并致力于提供工业全场景的解决方案。它主要构建了三个方面的能力：华为云工业智能体、联结管理平台以及工业应用平台。这些能力共同为工业企业提供智能化生产、网络化协同、个性化定制和服务化转型等新模式和新业态的支撑。

FusionPlant 是华为工业互联网平台的解决方案，其定位和目标是作为工业

互联网的数字底座，实现业务在云上敏捷开发、边缘可信运行，并通过融合多项 ICT 技术解决工业企业的关键问题，为企业构建智能决策系统。该平台包含联结管理平台、工业智能体、工业应用平台三大部分，旨在实现业务在云上敏捷开发、边缘可信运行。同时，FusionPlant 致力于赋能行业合作伙伴深耕工业核心业务流，持续释放潜在业务价值。该平台融合了华为成立多年来的 ICT 技术，包括 AI IP 和芯片、端边云全栈 AI 能力、云服务、5G 技术等，旨在解决工业企业的关键问题，如互联成本高、信息孤岛多、网络不安全等。

FusionPlant 可帮助企业消除研发地域界限，提升研发效率 20% 以上。该平台能够帮助工厂减少 90% 的业务中断时间，提高生产稳定性。FusionPlant 通过打破信息孤岛，提升经营可视效率 20%，助力企业将维护工作向服务化转型。该平台结合了华为云 EI 企业智能与工业行业知识，打造出 EI 工业智能体，极大地降低了合作伙伴的工业知识和 AI 融合的难度，提升了工业智能化的水平。FusionPlant 围绕工业应用的开发、部署、运行、聚合、集成等各个环节进行全方位的赋能，使得工业应用更易于开发和维护，实现工业应用数据互通和集成。

FusionPlant 平台建设融合 ICT 技术，为工业企业和实体经济构建发展新动能，推动产业向数字化、智能化转型。通过与多个行业合作，已服务企业用户 10 万多家，连接设备超过 240 万台套，这一数字证明了 FusionPlant 在促进产业数字化转型方面的广泛影响。

通过数据驱动产业链、供应链、价值链上的要素资源配置优化，实现网络化协同、规模化定制、端对端高效率交付等，从而提高生产效率。FusionPlant 帮助企业减少业务中断时间达 90%，这一显著效果有助于降低生产成本，增强企业竞争力。

规模化地实现产业链上下游的互联互通，有助于优化资源配置，提高资源利用效率。FusionPlant 与多个城市地区的产业集群、产业园区实现融通，推动产业链升级，增强区域经济的整体竞争力。

随着 FusionPlant 平台在区域内的广泛应用，将催生更多的新产业、新业态，创造更多的就业机会。同时，随着产业数字化转型的深入，将吸引更多的投资和技术人才聚集，进一步提升区域经济的活力。

FusionPlant 平台的建设和运营，有助于推动区域数字经济的发展，为区域经济注入新的增长动力。通过与本地产业深度融合，FusionPlant 将促进数字经济和实体经济的深度融合，推动区域经济高质量发展。

FusionPlant 平台的贡献将有助于提高区域经济的整体竞争力，推动区域经济实现高质量发展，赋能区域经济。

第五节　国内主流工业互联网平台发展分析

一、国内工业互联网平台的发展现状和趋势

根据相关数据，2022 年我国工业互联网产业增加值总体规模达到 4.46 万亿元，占 GDP 比重达到 3.69%。这一数字表明工业互联网产业在国民经济中的地位日益重要。2024 年，工业互联网产业增加值总体规模将进一步扩大，表明市场规模持续扩大。

工业互联网的发展离不开技术的创新。近年来，工业互联网在大数据、云计算、物联网等技术的支持下，取得了显著的进步。随着技术的不断进步，工业互联网在促进制造资源泛在连接、弹性供给与高效配置方面发挥了重要作用。

政府部门对工业互联网的发展给予了高度重视，出台了一系列旨在推进工业互联网发展的产业支持政策，工信部、财政部等部委密集出台了《工业互联网创新发展行动计划（2021—2023 年）》《"工业互联网 + 安全生产"行动计划（2021—2023 年）》等文件，为工业互联网的发展提供了有力支持。

我国工业互联网基础设施布局不断完善，各方面成果初现。工业互联网、算力、移动物联网等数字基础设施的建设，大幅提升了我国数字经济的承载能力和创新能力。

随着产业支持政策的不断落地，工业互联网应用将进一步普及，产业发展也将进入快速发展期。工业互联网正在推动制造业创新模式、生产方式、组织形式和商业范式的深刻变革。

工业互联网将随着物联网技术的进步而快速发展，物联网技术的广泛应用将为工业互联网提供更多可能性，推动工业互联网在更多领域实现应用。

工业互联网的跨界性质使得很多产业可能将从中受益，尤其是中小软件企业、互联网企业（包括大数据、云计算等企业和智能制造企业等），工业互联网将促进这些产业的深度融合，共同推动经济发展。

随着工业互联网的不断发展，对人才的需求将不断增加。政府和企业将加强人才培养和引进工作，为工业互联网的发展提供有力的人才保障。同时，工业互联网的生态体系将不断完善，为产业发展提供更好的支撑。

二、国内主流的工业互联网平台

（一）国内主流的工业互联网平台

国内主流的工业互联网平台可分为以下类别：

1. 跨行业跨领域的工业互联网平台

卡奥斯（卡奥斯物联科技股份有限公司）：创建于 2017 年，是海尔集团打造的跨行业跨领域工业互联网品牌，面向家电家居、能源、医疗等行业提供智能制造、数字化创新等服务。

特点：以用户体验为中心的大规模定制模式，实现了工业互联网和用户需求的有效对接。

优势：汇聚了各方生态资源，实现了生态持续进化，并具备六大赋能能力（全要素互联的数据力，数字化表达的仿真力、定制力、开源力、安全力和生态力）。

2. 工业云平台

树根互联：该平台在多个来源中被提及，作为重要的工业云平台之一，其服务涵盖多个行业领域。

特点：致力于打造智能制造时代的低成本、跨平台、云原生、多终端和强安全的工业互联操作系统。

优势：具备无缝更新、系统级安全、长期连接、多层级交互、碎片化应用和工业机理 AI 等能力。

用友精智（用友网络科技股份有限公司）：用友 BIP 面向工业企业的社会化智能云平台，提供社会级交易服务、协同服务及云化管理服务，帮助工业企业实现数字化转型。

3. 工业大数据平台

东方国信：已建立资产大数据平台，覆盖多个领域，为企业提供工业大数据解决方案。

4. 特定企业集团的工业互联网平台

航天云网：由中国航天科工集团推出的工业互联网平台。

华为云 FusionPlant：华为技术有限公司推出的工业互联网平台，基于云计算、大数据、物联网等前沿技术，构建智能工厂、数字化供应链等应用场景。

特点：基于华为多年 ICT 技术积累和制造经验打造的开放式工业互联网平台。

优势：以"联结＋云"为核心，为工业企业提供智能化生产、网络化协同、个性化定制和服务化转型等新模式和新业态的支撑。

阿里云：阿里巴巴网络技术有限公司推出的工业互联网平台，为企业提供数字化转型和升级的工具和服务。

特点：基于云计算、大数据、物联网等前沿技术构建的工业互联网平台。

优势：为企业提供数字化转型和升级的工具和服务，实现生产流程的智能化和高效化。

5. 其他具有特色的工业互联网平台

鲁邦通物联网：成立于 2010 年，是具备服务型制造基因的国家专精特新重点小巨人企业，为全球客户提供高质量的工业物联网通信和边缘计算产品。

国家大数据工业互联网平台：由政府主导，旨在推动工业互联网的发展和应用，提供数据共享、分析挖掘、深度学习等关键技术支撑。

6. 工业软件与云服务提供商

用友网络：不仅在工业云平台方面有所建树，还作为工业软件领域的领军企业，提供一系列工业软件和云服务。

宝信软件：在工业软件和云平台方面拥有强大的实力，其工业互联网平台已在宝钢等大型企业得到应用。

（二）面临的挑战

（1）技术挑战：随着技术的不断发展，工业互联网平台需要不断更新和升级，以保持其技术领先地位。

（2）生态构建：构建完善的工业互联网生态体系需要时间和资源投入，同时需要吸引更多的合作伙伴加入。

（3）数据安全：工业互联网平台涉及大量的企业数据，如何保障数据的安全性和隐私性是一个重要挑战。

（4）行业差异：不同行业对工业互联网平台的需求存在差异，如何满足不同行业的需求是平台需要面对的问题。

（5）政策环境：工业互联网平台的发展受到政策环境的影响，政策的变化可能对平台的发展产生重大影响。

（6）国际竞争：随着工业互联网的全球化发展，国内平台需要与国际平台竞争，如何提升国际竞争力是一个重要挑战。

三、工业互联网平台竞争与合作的关系

工业互联网平台之间的竞争与合作关系是复杂且多变的，平台需要根据市场环境、自身实力以及长远发展规划来灵活调整其竞争与合作策略，需要在竞争与合作之间找到平衡点，以实现整个产业的共赢发展。

平台间的竞争关系主要有技术竞争、市场份额竞争、资源整合竞争。工业互联网平台的核心竞争力在于其技术能力。各大平台都在努力研发和创新，突破核心技术的创新，以提供更高效、更稳定的技术解决方案。例如，有些平台可能在数据分析、云计算或者物联网技术方面有更突出的表现。为了保护自身的技术优势，平台会积极申请专利和知识产权，确保其在特定技术领域的领先地位。这成为平台之间竞争的一个重要方面。

工业互联网平台都在努力争取更多的企业客户，通过提供定制化服务、降低价格或者提供更好的售后服务等手段吸引客户。针对不同行业，平台会推出特定的解决方案，以满足行业内企业的特殊需求，从而在特定行业内占据更大的市场份额。

为了提供更全面的服务，工业互联网平台会努力整合上下游资源，包括硬件设备供应商、软件服务商等，进行供应链整合，以形成更完整的解决方案。平台也会与其他相关企业建立合作关系，以扩大自身的影响力和资源整合能力。

与此同时，平台间的合作关系也包括技术合作、市场合作和生态合作等。在某些技术领域，平台之间可能会选择共同研发，以分摊研发成本并加快技术创新的步伐。同时，为了促进工业互联网的标准化发展，平台可能会共同参与行业标准的制定，确保技术的兼容性和互操作性。

在某些地区或行业，平台之间可能会选择共同开拓市场，以降低市场进入成本并提高市场份额。通过品牌联合推广活动，提高各自品牌的知名度和影响力。

工业互联网平台会努力构建一个包含多个合作伙伴的生态圈，以提供更全面的服务并满足客户的多样化需求。通过生态合作，平台可以与合作伙伴共

同分享资源和利益，实现互利共赢的局面。

平台关系中最重要的是竞争与合作的平衡与转化。在工业互联网领域，竞争与合作的关系是动态变化的。在某些情况下，平台之间可能会选择合作以共同应对市场挑战；而在其他情况下，它们可能会成为直接的竞争对手。

从长期来看，合作有助于整个行业的健康发展；从短期来看，竞争能激发企业的创新活力。因此，平台需要短期和长期视角相结合，在竞争与合作之间找到平衡点。

政策和法规也对平台的竞争与合作关系产生影响。例如，某些政策可能鼓励平台之间的合作以促进技术创新和行业发展；而某些政策可能限制过度竞争以保护市场公平竞争。另外，通过制定相关政策、提供资金支持、搭建合作平台等方式，政府鼓励平台企业加强合作、共同创新，推动工业互联网产业的健康发展。

四、未来互联网平台的发展方向和机遇

（一）移动化与 5G 技术的深度融合

随着 5G 技术的进一步普及和推广，未来互联网平台将更加移动化。5G 技术带来的高速网络、低延迟和高可靠性将为移动互联网应用和服务提供更好的支持。这将促使更多的用户通过移动设备随时随地访问互联网平台，享受便捷的服务。因此，移动化将成为互联网平台发展的重要趋势，同时为平台提供巨大的市场机遇。

（二）人工智能的广泛应用与创新

人工智能技术在互联网平台中的应用将更加广泛。从智能推荐、智能客服到智能家居、自动驾驶等领域，人工智能将大幅提高用户体验，降低运营成本，并推动互联网市场的创新。特别是随着大模型技术的不断迭代和进步，人工智能有望在更多领域实现通用化和智能化，为互联网平台带来前所未有的发展机遇。

（三）云计算与边缘计算的结合发展

云计算将更加普及，并扩展到更多领域。企业将依赖云计算提高效率、降低成本并增强数据安全性。同时，随着边缘计算的发展，数据处理和分析将更加接近用户，从而提高响应速度和用户体验。云计算与边缘计算的结合将为互联网平台提供更加高效、灵活和可扩展的计算资源，推动平台的快速发展。

（四）物联网的快速发展与普及

物联网技术将连接更多的设备和服务，从智能家居到工业自动化，其应用将进一步拓展。这将为互联网平台提供海量的数据资源和新的服务场景，促进平台的创新和发展。同时，物联网的普及将带动相关产业链的发展，为互联网平台创造更多的商业机会。

（五）区块链技术的广泛应用与安全保障

区块链技术将为互联网平台提供更安全、更透明、更高效的服务。从数字货币到供应链管理，区块链技术的应用将为互联网市场带来新的变革。未来，随着区块链技术的不断成熟和应用场景的拓展，互联网平台将能够利用该技术构建更加安全可信的服务环境，提升用户信任度和满意度。

第六节　企业上云路径及典型案例

一、企业上云的必要性和重要性

（一）提升企业运营效率

灵活性与可扩展性：云计算服务提供了高度的灵活性和可扩展性。企业可以根据实际需求快速增加或减少资源，无须购买和维护昂贵的硬件设备。这种弹性伸缩的能力有助于企业应对流量高峰、突发事件或业务需求的变化，确保系统始终运行在最佳状态。

高效协作：云计算平台支持远程工作和移动办公，员工可以通过任何设备在任何地点访问企业数据和应用程序。这促进了团队协作和沟通，提高了工作效率。

自动化管理：云计算服务通常包含自动化管理工具，如自动化备份、监控和警报系统。这些工具可以帮助企业减少手动操作，减少人为错误，提高系统稳定性和可靠性。

（二）提升企业创新能力

数据驱动决策：云计算服务提供了强大的数据处理和分析能力，可帮助企业从海量数据中提取有价值的信息。这些洞察可以帮助企业做出更明智的决策，优化业务流程，提高市场竞争力。

快速迭代与创新：在云计算环境中，企业可以快速开发和部署新应用、新功能或新产品。这种快速迭代的能力有助于企业保持竞争优势，满足不断变化的市场需求。

开放性与合作：云计算平台通常支持开放标准和 API，便于企业与其他生态系统参与者进行集成和合作。这种开放性促进了企业间的创新合作，推动了整个行业的发展。

（三）降低 IT 成本

硬件成本：企业无须购买和维护昂贵的服务器、存储设备和网络设备。云计算服务提供商负责这些硬件的采购、部署和维护，企业只需按需支付使用费用。

软件成本：云计算服务通常包含丰富的软件资源和开发工具，企业可以按需使用这些资源，无须购买昂贵的软件许可证或进行烦琐的软件安装和配置。

运维成本：云计算服务提供了自动化管理工具和专业支持服务，减轻了企业 IT 部门的负担。企业可以节省大量的人力、物力和财力，从而用于其他更有价值的业务活动。

（四）降低 IT 风险

数据安全：云计算服务提供商通常拥有专业的安全团队和严格的安全措施，可以确保企业数据的安全性和保密性。此外，云计算服务还支持数据加密、访问控制和审计日志等功能，进一步提高了数据安全性。

灾难恢复：云计算服务提供商通常具有强大的灾难恢复能力，可以在发生自然灾害、人为破坏或技术故障时快速恢复服务。这有助于企业确保业务的连续性和稳定性。

法规遵从：云计算服务提供商通常了解并遵守各种行业标准和法规要求，可以帮助企业降低合规风险。此外，它们还提供合规性咨询和支持服务，帮助企业更好地满足法规要求。

二、企业上云路径与策略

（一）需求分析与规划

明确业务需求和目标：企业需要对自身的业务需求进行全面的分析和规划。这包括识别并评估现有的应用程序、数据和服务，以及明确上云后的目标和预期结果。

评估迁移挑战和需求：评估企业现有的系统和应用程序，了解迁移过程中可能遇到的挑战和需求。这有助于制定详细的迁移策略和规划。

制定迁移策略和规划：制定包括迁移时间表、资源需求和风险管理计划在内的详细迁移策略和规划，确保计划涵盖了所有关键业务领域和依赖关系。

（二）选择合适的云服务提供商

业务需求分析：在选择云服务提供商之前，企业需对自身业务需求进行全面分析。明确需要的计算资源、存储容量、网络带宽等，以确保服务商能够满足其实际需求。

性能和稳定性评估：了解数据中心的可用性、网络延迟、服务器性能等因素，以确保选择的服务商能够提供高质量的服务，保障业务的连续性。

安全性考虑：安全性是企业上云的首要考虑因素。了解服务商的安全措施，包括数据加密、身份验证、网络安全等，确保服务商符合相关的安全标准和合规性要求。

成本效益分析：考虑云服务的成本效益，包括服务费用、维护成本、升级费用等，确保选择的服务商能够在长期内为企业带来经济效益。

（三）数据迁移与系统集成

数据迁移准备：在数据迁移之前，确保对迁移的数据进行备份和恢复测试。制订详细的数据迁移计划，包括数据的迁移顺序、时间表和人员分工。

数据迁移执行：按照迁移计划执行数据迁移。在迁移过程中，确保数据的完整性和准确性，以及新环境的稳定性和可靠性。

系统集成：在数据迁移完成后，进行系统的集成和测试。确保新的云环境与其他系统的无缝集成，以及系统的稳定性和可靠性。

安全和隐私保护：在云环境中，需要实施适当的安全措施和访问控制，如加密、身份认证和权限管理等，以确保患者数据和医疗信息的安全和隐私保护。

在整个上云过程中，企业还需要注意以下几点：

（1）持续关注行业动态和技术发展，以便及时调整上云策略和方案。

（2）与云服务提供商保持密切沟通，确保双方能够紧密合作，共同解决问题。

（3）在上云过程中，为企业提供必要的培训和支持，以确保员工能够熟悉和使用新的云环境。

三、不同类型企业的上云实践

（一）电子商务平台

案例：唯品会利用腾讯云的云计算、大数据、人工智能等技术，实现了业务的全面云端化。

成效：提升了运营效率和用户体验，通过云计算技术实现弹性扩展和高性能的服务器部署，提供更稳定、便捷的购物体验。

（二）医疗健康领域

案例：飞利浦医疗与阿里云合作，共同打造了医疗影像云平台。

成效：为医疗机构提供高效、便捷的医学影像服务，有助于医生做出更精准的诊断和治疗方案。

（三）物流行业

案例：申通快递采用云原生技术和架构实现核心业务搬迁上阿里云。

成效：解决了交付周期长、资源利用率低等问题，为申通提供稳定而高效的计算能力。

（四）制造业

案例：飞利浦企业应用上云，运维成本缩减 54%。

成效：通过上云，飞利浦实现了从设备提供商向全面解决方案提供商的转型，降低了运维成本。

（五）零售行业

案例：国美电器利用华为云的云计算、人工智能等技术，实现了线上线下融合、全渠道数字化转型。

成效：提升了用户体验和运营效率，实现了零售业务的全面升级。

第七节　小结

数字经济平台正在深刻改变各国产业格局，改变人们的生产生活消费行为。数字经济平台不仅为中国经济注入新的动能，也为中国经济新一轮产业变革带来助力。它有助于大大提高全社会资源配置效率，催生诸多新业态与新企业，形成新的经济增长点，改善用户体验，增加大量就业，繁荣各类市场，促进国际国内贸易。

但数字经济平台也面临着一系列的挑战，随着数字经济的快速发展，大量的数据被采集和存储，数据隐私保护问题日益突出。人工智能技术的快速发展，已经催生了一系列与伦理道德相关的问题，如失业问题、道德判断等。数字经济的发展也给网络安全带来了新的挑战，如何确保数据在云端的安全存储和传输成为重要议题。

因此，更需要注重其发展规范。对于企业来讲，要积极进行数字化转型，将传统的业务和流程数字化，提高效率和质量。注重创新思维和敏捷反应能力的培养，鼓励员工注重创新，推动创新文化的建设。同时，加强数据驱动决策的能力，建立数据收集和分析的能力，制定数据驱动的经营策略和决策流程。还需要提高网络安全意识，制定网络安全策略和操作规范，建立健全的网络安全保护体系。

而对政府来说，政府应出台相关政策，鼓励和支持数字经济的发展，提供财政、税收等方面的优惠政策。要加强与企业的沟通合作，了解企业的需求和困难，为企业的发展提供有力支持。政府要加强数据隐私保护和网络安全监管，制定相关法律法规和标准，确保数字经济的安全稳定发展。

如此，以大数据为核心的数字经济将继续发展，数据的规范化、整合和共享将成为普遍趋势。人工智能和区块链等技术将推动数字经济向更高层次发展，为全球经济带来新的增长点。数字经济平台将继续发挥其在资源配置、创新推动、就业创造等方面的作用，成为推动经济社会发展的重要力量。

数字经济平台的构建是一个复杂而系统的工程，需要政府、企业、开发者等多方共同参与和努力。通过不断完善技术支撑、基础设施和生态体系，结合各领域的典型案例，推动数字经济平台的发展，为经济社会的数字化转型提供有力支撑。

第五章　各国政府数字经济发展战略

在全球范围内，经济活动的数字化被推上了快速发展的道路，从国际组织及各国商务、产业、经济部门到各大咨询机构发布的众多研究报告均指出数字经济的巨大潜力。各国也从国家战略高度对数字经济发展进行了定位与指导——他们普遍将数字经济视为全球经济复苏的契机与新动力。世界正处于重大的数字变革之中，数字化正在主导全球经济的各个领域。以美国为例，2006~2016 年，美国的数字经济年均增长速度达到 5.6%，远高于 1.5% 的总体经济增长速度，是经济增长的主引擎。全球著名管理咨询公司麦肯锡的全球研究院对美国和欧洲的数字化研究显示，所处行业的数字化程度越高，企业盈利越高。过去 20 年间，美国高数字化行业的平均利润率增长为低数字化行业的 2~3 倍。到 2030 年，数字化或将转变与创造 10%~45% 的行业总收入。

相关报告显示，全球数字经济指数与各国人均 GDP 也有一定关系，数字经济指数较高的国家人均 GDP 较好，呈正相关关系。除此之外，数字经济在全球各国都展现出强大的发展韧性和抗冲击能力。2019 年，全球数字经济增加值达到 31.8 万亿美元。全球数字经济城市竞争力方面，纽约、波士顿、伦敦、新加坡和东京位居前五。在英国，由媒体、互联网和电影、音乐、广告等创意产业所构成的数字经济已成为国家最大的经济部门。新加坡推出"全国人工智能策略"，在交通物流、智能市镇与邻里等领域推动人工智能应用，以促进经济向数字化转型。世界经济数字化转型已是大势所趋，数字经济是新一轮科技革命和产业变革的重要动力，也是推动经济高质量发展的重要途径，未来，数字经济大有可为。①

数字经济作为全球大趋势，各主要经济体基本上都有推动数字经济的规划和政策，本书选择美国、德国、英国、日本等国家进行介绍，如表 5-1 所示。

---

① 中国信息通信研究院 . 全球数字经济白皮书（2023）［EB/OL］.http://www.caict.al.cn.

表 5-1　部分国家或地区的数字经济规划和政策

国家或地区	规划和政策
美国 "数字经济议程"	自由开放的互联网；互联网信任和安全；创新和新兴技术
欧盟 "数字单一市场战略"	破除法律与行政壁垒，实现数字商品服务自由流通；加强网络交流平台的管理；推动数字技术发展；增加数字产业投资
德国 "数字经济战略 2025"	构建千兆（吉比特）光纤网络；建立投资及创新领域监管框架；在基础设施领域推进智能互联以加速经济发展；加强数据安全，保障数据主权；促进中小企业、手工业和服务业商业模式数字化转型；帮助德国企业推行 "工业 4.0"；注重科研创新，数字技术发展达到顶尖水平
英国 "数字经济法"	重视通信基础设施特别是宽带的建设，建立了数字版权保护的法律和管制框架，保护在线著作权等
"中国互联网＋战略" "中国数字经济"	依托互联网信息技术实现互联网与传统产业的深度融合；优化生产要素、重构经济结构等途径来完成经济转型和升级；推动移动互联网、云计算、大数据、物联网等与现代制造业结合促进电子商务、工业互联网和数字金融的创新发展
日本 "2015 年 i-Japan 战略"	电子政府战略；医疗和健康信息化发展战略；教育和人才信息化战略

资料来源：阿里研究院。

第一节　美国：数字经济的引领者

在全球科技产业领域，美国一直处于绝对的领导者地位，随着互联网的发展，以及美国制造业的衰退，美国产业霸主地位出现了被动摇的迹象。不过，凭借 IT 领域的绝对优势，美国有机会在数字经济时代继续引领，甚至拉大与其他国家的差距。近几年，谷歌的人工智能发展吸引了全球的关注，另外，微软 AWS 的公共云也表现抢眼。与谷歌的人工智能不同，AWS 的公共云的服务范围更广，对其他领域和产业的创新带动作用更强。公共云作为基础设施，是所有 IT 创新和基于 IT 创新的基础支撑，就像公路、电网一样。

一、率先普及数字经济理念，全面升级国家创新战略

美国作为数字经济的引领者，除技术领先外，在政策支持方面也走在世界前列，美国自 2012 年起相继发布了《大数据研究和发展计划》，推出了 "数

据—知识—行动"计划，提交了《大数据：把握机遇，维护价值》政策报告。2015年10月更新的《国家创新战略》提出了建设下一代数字化基础设施，以保障数字世界接入等内容。2016年12月，美国商务部建立了数字经济顾问委员会（DEBA），成员包括科技行业巨头、创新者以及专家，旨在帮助政府、企业和消费者提供发展数字经济的建议，从而凭借数字技术的应用发展来促进经济繁荣、教育完善，积极参与政治与文化生活。

早在20世纪90年代，美国联邦政府便启动了"国家信息基础设施行动计划（信息高速公路）"，并由美国商务部、经济和统计管理局相继发布《浮现中的数字经济》《浮现中的数字经济Ⅱ》《数字经济2000》《数字经济2002》《数字经济2003》等报告，从远程教育、远程医疗、远程工作、信息通信和电子商务等角度，持续关注数字经济发展动向，成为最早推广和布局数字经济的国家之一。2010年，美国商务部提出"数字国家"概念，并由国家电信和信息管理局联合经济和统计管理局连续五年发布了6份关于"数字国家"的报告，主要围绕互联网接入、互联网应用、新型在线体验等方面。2015年11月，美国商务部发布《数字经济议程》，聚焦自由开放的互联网、互联网信任和安全、互联网接入和技能、创新和新兴技术四个方面，试图"为数字时代的经济增长和机遇提出建议"。2018年3月，美国商务部经济分析局发布《数字经济的定义和衡量》，对重新认识和测度数字经济起到重要推动作用。2021年，《美国创新与竞争法案》持续强化数字经济创新战略，提升数字经济发展实力。

二、推进数字前沿技术研发，巩固关键核心技术创新优势

近年来，美国在人工智能、量子科学、智能制造等领域持续推进数字前瞻技术开发与应用。在人工智能领域，《美国机器人路线图》（2009年）、《机器人技术路线图：从互联网到机器人》（2013年）等报告率先为人工智能发展指明了方向。

2016年，奥巴马政府将人工智能上升到国家战略层面，引领人工智能研发与应用，先后发布了《国家人工智能研究和发展战略计划》《为人工智能的未来做好准备》。

2018年，美国发布了《美国机器智能国家战略》《国防部人工智能战略》《人工智能与国际安全》等报告，关注人工智能对全球安全的不利影响。

2019年，特朗普政府启动"美国人工智能计划"，并发布第二版《国家人

工智能研究和发展计划》《美国人工智能的领导：联邦参与制度技术标准和相关工具计划》，强调联邦政府在人工智能发展中的重要职能。

2020年1月，美国发布《人工智能应用监管指南备忘录（草案）》，拟订了10项人工智能监管原则，引导了人工智能有序发展。

在智能制造领域，自金融危机以后，美国实施制造业回流计划，希望重塑先进制造业发展优势。奥巴马执政期间，提出"制造美国"计划，先后发布《确保美国先进制造领导地位》（2011年）、《先进制造业国家战略计划》（2012年）、《国家制造业创新网络：一个初步设计》（2013年），强调打造先进制造业的重要性并制定具体实施措施，同时，相继发布《先进制造业伙伴计划（AMP1.0）》、《先进制造业伙伴计划（AMP2.0》、《智能制造振兴计划》（2016年）、《国家制造创新网络战略计划》（2016年），以完善智能制造整体框架。特朗普政府秉持"美国优先原则"，发布了《美国先进制造业领导战略》（2018年），意在通过推出新的制造方法及产品以改变美国制造业空心化现状。拜登政府则运用税收手段激励并促使制造业回流。

在量子科学领域，早在2002年，美国国防部高级研究计划局便制定了《量子信息科学和技术发展规划》，给出量子计算发展步骤与时间。

2009年，美国国家科学与技术委员会发布了《量子信息科学的联邦愿景》，建议联邦政府加强量子技术研发与应用，并于2016年发布《推进量子信息科学发展：美国的挑战与机遇》报告，总结量子科学的进展与前景。

2018年12月，特朗普签署《国家量子倡议法案》，带头开启"量子竞赛"，确保美国在量子科技领域的领先地位。2019年2月、2020年2月，白宫国家量子协调办公室相继发布《美国量子网络战略构想》《美国量子网络战略愿景》，明确了量子发展的中长期目标，并提出要整合各界科研力量，推进量子互联网发展，确保量子科技惠及大众。

三、强化网络空间安全措施，重构数字时代规则与格局

布什政府在"9·11事件"后，充分意识到信息安全的严峻性，先后发布《保护网络空间安全的国家战略》（1998年）、《联邦网络空间安全即信息保障研究与发展战略计划》（2000年），逐步完善美国空间安全战略。奥巴马政府又相继发布《增强关键基础设施网络安全》（2013年）行政令，明确保护国家数字基础设施的重要地位不容忽视。随后，特朗普政府发布《加强联

邦网络和关键基础设施的网络安全》（2017 年）行政令、《美国国家网络战略》（2018 年）、《数字现代化战略》（2019 年）、《国家 5G 安全战略》（2020），全面推动数字环境现代化以保障经济安全。《联邦网络空间安全即信息保障研究与发展战略计划》（2019 年）更是指出了未来一定时期内美国网络安全研发投入的总体方向。此外，《大数据研究与发展计划》（2012 年）、《美国开放数据行动计划》、《联邦大数据演技和发展战略规划》、《澄清境外数据合法使用法案》（2018 年）、《联邦数据战略与 2020 年行动计划》等确立了数据使用的基本框架原则，美国各州也已对数据隐私保护等相关议题展开了激烈的讨论。

2013 年 7 月，美国国际贸易委员会发布《美国与全球数字经济中的数字贸易（一）》，正式定义"数字贸易"，并于次年发布《美国与全球数字经济中的数字贸易（二）》，详细阐述了数字贸易的优势。

2014 年和 2018 年，美国商务部相继发布《数字经济与跨境贸易：数字化交付服务的价值》《北美数字贸易》报告，并于 2016 年启动"数字专员"项目，为美国企业顺利参与全球数字经济发展提供支持和援助。

2016~2018 年，美国贸易代表办公室连续三年发布《外国贸易壁垒评估报告》，指出世界各国的数字贸易障碍。

2017 年，美国国际贸易委员会发布《全球数字贸易：市场机会和关键的国外贸易限制举措》，试图理清数字贸易的潜在壁垒。

2018 年，国会研究服务局发布《数字贸易与美国贸易政策》，全面分析美国的数字贸易问题，以供美国政府更具针对性地制造数字贸易壁垒，维护自身大国地位。

2020 年，《数字战略 2020—2024》将数字经济延伸至国际援助领域，通过破坏和重建数字经济秩序，实现深化和延续其数字地缘政治格局的目的。

美国前商务部部长普里茨克在数字经济顾问委员会会议致辞时说道："每个人都知道，数字经济对于未来创造机会和繁荣至关重要……我们作为商业领袖、作为学者、作为政策制定者的挑战是如何帮助我们的人民适应这样一个世界，其中技术正在改变我们工作的性质，同时还支持数字经济作为提高增长和增强美国竞争力的手段。"

第二节　欧盟数字经济战略

　　欧盟始终坚持合作共赢的发展原则，在促进数据保护与开放共享的基础上，着力打破数字市场壁垒，积极构建数字单一市场，不断探索人工智能发展与治理，持续推进智能制造产业发展与应用，营造公平开放的数字经济竞争环境，推动数字经济规范发展。

一、重视数据共享与监管，推动建立数字单一市场

　　隐私保护根植于欧盟各国文化之中，早在 1995 年，欧洲议会就通过《资料保护指令》提出企业对个人数据处理必须遵循透明、合理、完整、准确等标准。2012 年，欧盟委员会提出用《通用数据保护条例》取代《资料保护指令》，并最终于 2016 年通过，自此，欧盟建立了完备的个人数据保护制度。2017 年 1 月，欧盟委员会提出用《隐私与电子通信条例》取代之前的《电子隐私指令》，试图增加新的隐私监管对象，为欧盟所有企业和个人提供隐私保护。2017 年 11 月，通过《数字贸易战略》，重点强调对个人隐私权的保护，以抢占数字贸易规则主动权。随后，欧盟委员会相继发布《打造欧盟数据经济》《建立一个共同的欧盟数据空间》《非个人数据在欧盟境内自由流动框架条例》《数字单一市场版权指令》等文件，围绕机器生成数据、公共部门数据、科研数据、私营部门数据、非个人数据等各类数据的自由流通与交换交易制定规则，促进数据资源共享，以加快建立欧盟共同数据空间，为大数据、云计算、人工智能等技术的发展创造条件，推进数字经济发展。2020 年 2 月，欧盟委员会公布《欧洲数据战略》，分析了欧盟建立单一数据市场所面临的八大问题，并提出四大行动方案和五大应用场景，旨在构建"单一数据市场"。次年，欧盟委员会公布了《欧洲数据治理条例（数据治理法）》，进一步支持欧洲建立共同数据空间，打破数据流通障碍，促进各部门和成员国的数据共享，提高数据可用性。此外，欧盟委员会发布《网络与信息系统安全指令》《网络安全法案》《网络安全战略》，高度关注网络空间主权，持续引领和打造安全网络空间。

　　自 20 世纪 90 年代起，欧盟委员会相继发布《欧洲迈向信息社会之路计划》《里斯本战略》《数字经济五年发展规划（2005—2010）》《数字红利战略》

等政策文件，提出要加快信息社会基础网络设施建设，并推动建立一个统一的欧洲信息空间，以持续释放数字红利，提升民众的公共服务体验和生活质量水平。

为了彻底打破欧盟各成员国的数字市场壁垒，欧盟委员会于 2010 年 6 月通过了《欧洲 2020 战略》，正式提出在欧盟国家构建数字化统一市场。2015年，欧盟委员会启动《数字化单一市场战略》，明确将 28 个成员国打造成统一的数字市场，并通过一系列措施增进各成员国间的交流与合作，以推动欧盟数字经济发展。为了进一步强化数字单一市场，提升欧盟数字经济发展的整体竞争力，欧盟接连公布了《数字欧洲计划》《塑造欧洲数字未来》等战略，随着近年来数字经济平台的无序扩张，2020 年 12 月，欧盟委员会为了强化数字平台监管，推进反垄断和数字税改革，开创性地提出《数字服务法案》和《数字市场法案》，以促进数字市场的公平与开放。

二、加强探索人工智能治理，持续推进智能制造项目

2013 年，欧盟先后提出"人脑计划"和"石墨烯旗舰项目"，前者用于促成脑科学与产业结合来支持人工智能发展，后者旨在为人工智能提供硬件支撑，自此开启探索人工智能的征程。2014 年，欧盟委员会发布《2014-2020 欧洲机器人技术战略》《地平线 2020 战略——机器人多年发展战略图》，并启动"欧盟机器人研发计划"，用于扩大机器人的应用领域，激活其经济社会价值。随后，欧盟开始转而关注人工智能的法律、伦理、责任问题，欧盟议会法律事务委员会于 2016 年发布《欧盟机器人民事法律规则》，欧洲科学与新技术伦理组织发布《关于人工智能、机器人及"自主"系统的声明》，均明确指出人工智能发展将引发一系列复杂且亟待解决的道德问题。自 2018 年起，欧盟又接连更新人工智能计划，4~12 月，相继发布《人工智能通讯》《人工智能合作宣言》等战略性文件，指出欧盟各国要加强人工智能技术研发、道德管制与投资规划等方面的合作，形成欧盟、国家、区域协同合作的局面，标志着欧盟人工智能进入全新的发展阶段。2020 年 2 月，欧盟委员会发布《人工智能白皮书》，旨在通过投资与监管加强人工智能领域的创新能力，并推动构建"可信赖人工智能框架"，以谋求人工智能的全球领导地位。

为了提高欧洲制造业的整体竞争水平，欧盟委员会于 2007 年 1 月发布《欧盟科技第七个框架计划（2007-2013）》，正式提出用智能制造实现制造模式

变革，并资助了"未来工厂"计划、火花计划等多项智能制造相关项目。2015年，欧盟将发展智能工厂定为《单一数字市场战略》的五大优先行动领域之首。到了2020年，欧盟开始尝试将绿色新政和数字新政共同嵌入工业发展进程中，发布《欧洲新工业战略》，旨在帮助欧洲工业率先实现生态环保与数字化转型融合共存，以提高其战略自主权，扩大工业竞争力领先优势。

第三节　中国数字经济战略

党的十八大以来，中国政府高度重视数字经济发展，稳步推动数字经济上升为国家战略，着力提高数字技术创新应用能力，加速推进数字产业化与产业数字化，激活数据要素价值，完善数字治理体系建设，促进数字经济与实体经济融合，充分发挥两个市场优势，释放数字经济发展潜力。

中国围绕信息化和数字经济的发展，密集出台了一系列政策文件，各部门、各地区也纷纷制定出台了相应的行动计划和保障政策，概括如下：

2012年，党的十八大推动数字经济逐渐上升成为国家战略。

2013年，国务院出台了《国务院关于印发"宽带中国"战略及实施方案的通知》，首次提出将宽带网络作为国家战略性公共基础设施，从顶层设计、核心技术研发、信息安全保障等方面做出了全面部署。同年出台的《国务院关于促进信息消费扩大内需的若干意见》从增强信息产品供给能力、培育信息消费需求、提升公共服务信息化水平、加强信息消费环境建设等方面支持信息领域新产品、新服务、新业态的发展。

2014年，中央网络安全和信息化领导小组第一次会议提出了"努力把我国建设成为网络强国"。

2015年，国务院出台了《关于积极推进"互联网+"行动的指导意见》，从创业创新、协同制造、现代农业等11个领域推动互联网创新成果与经济社会各领域的深度融合，提升实体经济的创新力和生产力。

2016年，国务院出台了《国务院关于深化制造业与互联网融合发展的指导意见》，推动制造企业与互联网企业在发展理念、产业体系、生产模式、业务模式等方面全面融合，发挥互联网聚集优化各类要素资源的优势，加快新旧发展动能和生产体系的转换。G20杭州峰会将数字经济作为"二十国集团创新增长蓝图"四大行动之一，强调数字经济对宏观经济、推进供给侧改革、推进实体经济发展和其他政策影响的重要作用。数字经济已经成为带动中国经济增长的核心动力。

2017 年，习近平总书记在主持中共中央政治局就实施国家大数据战略进行第二次集体学习时强调，要构建以数据为关键要素的数字经济，坚持以供给侧结构性改革为主线，加快发展数字经济，推动实体经济和数字经济融合发展，推动互联网、大数据、人工智能与实体经济深度融合，继续做好信息化和工业化深度融合这篇"大文章"，推动制造业加速向数字化、网络化、智能化发展。在政府与平台数据方面，国家发展和改革委员会（以下简称发展改革委）、中央网信办、工业和信息化部（以下简称工信部）等印发了《关于促进分享经济发展的指导性意见的通知》《国务院办公厅关于促进平台经济规范健康发展的指导意见》等文件，提出加强政府部门力度，促进平台数据开放。在工业领域数据方面，《国务院关于深化"互联网＋先进制造业"发展工业互联网的指导意见》《工业和信息化部办公厅关于推动工业互联网加快发展的通知》等提出，强化工业互联网平台的资源集聚能力，有效整合产品设计、生产工艺、设备运行、运营管理等数据资源。

2018 年，在政府工作报告中，李克强总理多次提到数字经济相关内容，提出深入开展"互联网＋"行动，实行包容审慎监管，推动大数据、云计算、物联网的广泛应用，新兴产业的蓬勃发展，以及传统产业的深刻重塑。

2019 年，《数字乡村发展战略纲要》将发展农村数字经济作为重点任务，加快建设农村信息基础设施，推进线上线下融合的现代农业，进一步发挥信息化在乡村振兴中的巨大潜力，促进农业全面升级、农村全面进步、农民全面发展。

2020 年，《中共中央　国务院关于构建更加完善的要素市场化配置体制机制的意见》首次将数据作为一种新型生产要素，提出推进政府数据开放共享，提升社会数据资源价值，加强数据资源整合和安全保护。

2021 年 8 月，《北京市关于加快建设全球数字经济标杆城市的实施方案》，全球首次发布数字经济标杆城市发展"蓝图"。方案明确了北京市加快发展数字经济的战略规划，打造引领全球数字经济发展的"六个高地"，到 2030 年建设成为全球数字经济标杆城市。

2022 年 1 月，《"十四五"数字经济发展规划》提出到 2025 年，数字经济核心产业增加值占国内生产总值比重达到 10%，数据要素市场体系初步建立，产业数字化转型迈上新台阶，数字产业化水平显著提升，数字化公共服务更加普惠均等，数字经济治理体系更加完善。展望 2035 年，力争形成统一公平、竞争有序、成熟完备的数字经济现代市场体系，数字经济发展水平位居世界前列。

2023 年，国家层面提出了《数字中国建设整体布局规划》，该规划旨在全面构建数字中国的发展蓝图。规划明确了数字中国建设的总体目标、重点任务和保障措施，强调要加快推进数字经济、数字政府、数字社会、数字文化等领域的融合发展，形成数字化、网络化、智能化的发展新格局。

2024 年，国家发展改革委办公厅、国家数据局综合司印发《数字经济2024 年工作要点》支持数字经济高质量发展。

从总体上看，中国信息化政策体系是比较健全的，体现出国家对发展数字经济的决心之大、信心之足和期望之高。更为重要的是，中国的制度优势有利于凝聚全国共识，使政策迅速落地生根，形成自上而下和自下而上推动数字经济发展的大国合力。

第四节　小结

数字经济是真正面向未来的经济形态。中国的数字经济已经扬帆起航，正在引领经济增长从低起点高速追赶，走向高水平稳健超越；供给结构从中低端增量扩能，走向中高端供给优化；动力引擎从密集的要素投入，走向持续的创新驱动；技术产业从模仿式跟跑、并跑，走向自主型并跑、领跑，为最终实现经济发展方式的根本性转变提供了强大的引擎。我们要以 2020 年为新的起点，一方面继续推动数字经济自身向纵深发展，另一方面充分激发数字经济与传统产业的"化学反应""连锁反应"，为增强我国经济活力和推动实现高质量发展而努力。"十四五"时期是我国"两个一百年"奋斗目标的历史交汇期，也是全面开启社会主义现代化强国建设新征程的重要机遇期。在数字化程度日益加深的世界，数字经济无疑将成为"十四五"时期乃至中长期内我国形成新发展格局中的重要力量和国际竞争的新战场。

第六章 数字经济探索
——以云南为例

第一节 云南省数字经济及创新的发展现状

一、云南数字经济概况

数字经济是指以信息技术为基础，数字化、网络化、智能化等前沿技术为手段，创造、生产、运营和消费各种数字化产品和服务的一种经济形态。我国数字经济规模 2023 年突破 55 万亿元，占国内生产总值比重超过 41.5%，总量居世界第二。

在数字经济板块，《云南省数字经济开发区数字经济产业发展三年行动方案（2023—2025 年）》为未来几年工作画出"作战图"。未来将大力培育数字经济产业新技术、新业态、新模式，强化创新驱动，着力提升数字经济产业发展能级。到 2025 年，力争数字经济实现营业收入 30 亿元。依据《"十四五"数字云南规划》（以下简称《规划》）提出，将加快农业、制造业、能源、物流、旅游等重点产业数字化转型，推进"上云用数赋智"，实现数字经济与实体经济融合发展。同时，大力发展电子信息制造业、软件和信息技术服务业等数字经济核心产业，支撑产业数字化发展，加速释放数字经济发展新动能。

（一）云南省数字经济主要产业

（1）农业数字经济，《规划》提出，大力发展农村电商，建立绿色农产品线上销售、供应链协同、防伪追溯等体系，推动种植、养殖、采购、销售到追溯全链条数字化升级，全面提升农业生产、加工、销售各环节附加值。

（2）绿色能源数字经济，《规划》提出，云南将建设联通国家、省、州、市有关部门以及电、煤、油、气等有关企业的能源数据传输网络，建设可扩展的云南绿色能源大数据中心，支撑能源数据应用建设。

（3）智慧旅游，按照《规划》，云南将加快智慧旅游信息基础设施建设，在全省 3A 级以上旅游景区、星级宾馆、旅游集中区、州（市）级公共文化服务场所实现智能导游、电子讲解、刷脸认证等服务全覆盖。

（4）制造业数字化转型，《规划》提出，云南将重点推动烟草全产业链条数字化，建设"数字烟田""数字车间""数字工厂"，打造工业 4.0 数字烟草。

（5）服务业数字化发展，《规划》提出，云南将加快物流产业数字化创新，重点培育 10 个智慧物流信息平台；大力发展在线绿色金融，推广智能投资顾问等服务。

（二）云南数字经济发展现状

"十三五"时期，云南省委、省政府以高度的历史使命感谋划建设"数字云南"，数字基础不断夯实，数字产业快速发展，数字应用加速创新，打造了一批在全国叫得响的"单项冠军"，数字化发展成为推动云南高质量跨越式发展的重要引擎。

二、云南数字经济产业发展方案

为贯彻落实云南关于全面实施数字经济"三年行动"的要求，积极推进"产业数字化"和"数字产业化"，抢抓新一轮科技革命和产业变革重大机遇，大力推进"数字云南"建设，用"数字"为经济赋能、为发展提质、为治理增效，催生新产业新业态新模式，用新动能推动新发展，全面实现云南数字经济五年倍增。

（1）数字基建强化行动。加强 5G 网络、物联网、工业互联网等新型基础设施建设，提高网络覆盖率和传输速度，为数字经济发展提供坚实的网络基础。推进数据中心、云计算平台建设，提升数据存储和计算能力，为数字产业化发展提供有力支撑。

（2）园区优化提升行动。规划建设一批数字经济产业园区，优化产业布局，吸引数字经济企业入驻，形成产业集聚效应。加强园区基础设施建设，完善公共服务体系，提高园区承载能力，为数字经济发展提供良好的发展环境。

（3）数字产业化提升行动。培育壮大电子商务、大数据、云计算、人工智能等数字经济核心产业，提升产业规模和水平。支持数字经济企业进行技术创新和产品研发，推动产业向高端化、智能化、绿色化方向发展。

（4）产业数字化融合行动。鼓励传统产业运用数字技术进行改造升级，提高生产效率和产品质量，推动产业转型升级。促进数字经济与实体经济深度融合，发展智能制造、智慧农业、智慧旅游等领域，形成数字经济与实体经济相互促进的发展格局。

（5）数据资源共享开放行动。建立完善的数据资源共享机制，推动政府部门、企业和社会组织之间的数据互通和共享。加强数据资源的安全保护，确保数据资源的合法使用和安全可控，为数字经济发展提供数据支撑。

（6）数字丝路开放合作行动。加强与周边国家和地区的数字经济合作，共同推动数字丝路建设，拓展数字经济发展空间。参与国际数字经济规则制定，加强与国际数字经济组织的交流与合作，扩大云南在国际数字经济领域的影响力。

（7）数字营商环境优化行动。简化审批流程，优化政务服务，降低数字经济企业成本，提高市场活力。加强知识产权保护，维护数字经济企业的合法权益，营造公平、公正、透明的市场环境。

通过实施以上七个方面的具体行动，将全面推动云南数字经济产业的快速发展，提升数字经济在云南经济中的比重和贡献度，为云南经济社会发展注入新的活力和动力。

三、云南科技创新产业概况

科技自立自强是云南发展的战略支撑。在创新发展大道上，云南的每一天都是"新"的。以云南重点产业为例：围绕新材料、绿色能源、数字经济、高原特色农业、生物医药等，云南省科技厅深入梳理产业链、创新链，出台《科技赋能经济转型升级行动计划方案》，集中创新资源和力量，瞄准产业发展重点领域全力攻坚，以科技创新推动产业创新，培育壮大数字经济、生物医药、新材料等战略性新兴产业。同时，研究布局生命科学等未来产业，应用数智技术等，加快有色、化工等传统优势产业转型升级。

（一）云南取得的科技成就

2023 年，云南社会研发经费达 313.53 亿元，居全国第 19 位；研发投入强度为 1.08%，居全国第 23 位，较上年提升 1 位；省级财政科技经费基础研究投入增长率居全国首位。2023 年，云南持续推动科技与产业深度融合，重点产业关键核心技术不断突破、创新主体培育力度不断加大。全省新增备案省级科技型中小企业 1432 户，入库国家科技型中小企业 1652 户。全省高新技术企业净增长率达 25%，总数突破 3000 户，与"十三五"末相比接近翻番，其中昆明市增量占全省增量的 78.66%。

科技成果产业化路径不断拓宽、科技金融体系不断完善。全省技术合同认定登记 14179 份，同比增长 88.7%；合同登记总金额 269.36 亿元，同比增长 22.88%。全省技术经纪人共促成 183 项科技成果对接交易，促成合同成交 1.35 亿元。截至 2023 年第三季度末，金融机构对科技型企业贷款余额近 1200 亿元，同比增长 13.28%。在科技惠民方面，27 个国家乡村振兴重点帮扶县部省联动项目获科技部立项，2728 名"三区"科技人才获科技部认定备案，数量均为全国第一。科技供给能力不断提升。2023 年，全省新建 3 个全国重点实验室，新建 2 个省实验室、10 个省技术创新中心、14 个省重点实验室、9 个省野外科学观测研究站。

（二）规划背景

在全球数字经济迅猛发展的背景下，云南紧跟时代步伐，充分利用其地理、人文及资源优势，大力推动数字经济发展。作为西南地区的重要经济体，云南认识到数字经济在促进经济转型升级、提升产业竞争力中的关键作用，因此制定了详细且富有前瞻性的数字经济产业发展战略规划。明确了数字经济发展的方向和核心目标，具体阐述了如何优化资源配置，如何强化技术创新能力，以及如何通过推动 5G、区块链、云计算等新兴技术的深度融合应用，打造一批具有竞争力的产业标杆。

2024 年，全省科技系统将强化科技创新引领现代化产业体系建设这条主线，加快形成新质生产力，打造云南高质量发展新优势。将瞄准新材料、绿色能源、数字经济、先进装备制造等重点领域，攻克一批工程建设世界性难题，突破"卡脖子"、国际领先、填补国内空白的重点产业和民生关键核心技术 100 项以上，力争高新技术企业突破 3500 户。推动全省生物医药产业加快发展，力争营业收入达 3600 亿元。在科技助力乡村振兴方面，云南将持续推进"百团万人"创建"百企百村百品牌"工程，建设乡村振兴科技创新县 4 个以上、乡村振兴科技创新村 20 个以上，新选派科技特派团 15 个以上、科技特派员 2000 人以上。在科技人才队伍建设上，云南将深入实施科技人才服务高质量发展"四大行动"。培养支持科技领军人才 4 名左右、高端外国专家 20 名左右、顶尖团队 3 个左右、创新团队 20 个左右，选聘科技副总 50 人左右，组建 20 个左右科技人才（专家）服务团，服务 10 户重点企业和 10 个重点项目。

（三）具体目标

为推动云南数字经济产业的蓬勃发展，目标定位是将云南打造成为全国数字经济创新发展的引领示范区，成为西南地区数字经济增长的重要引擎，以及国际数字经济交流与合作的核心平台。具体目标包括：一是提高科技创新水平，加强关键核心技术研发，突破一批重大科技项目；二是培育高新技术企业，壮大科技型企业群体，提高科技创新产业的整体竞争力；三是促进科技成果转化，推动科技创新成果在产业中的应用和推广；四是优化科技创新环境，加强科技创新平台建设，吸引更多优秀人才来云南省创新创业。

（四）总体思路

云南科技创新产业的总体思路是坚持以市场需求为导向，以科技创新为核心，以产业升级和转型为目标，全面推进科技创新产业的发展。具体来说，云南将采取以下措施：一是加强科技创新体系建设，完善科技创新政策体系，提高科技创新投入；二是加强产学研合作，推动科技创新与产业深度融合；三是培育科技创新人才，加强科技创新团队建设；四是优化科技创新环境，营造良好的创新创业氛围。

四、云南省科技创新存在的问题

科技创新是推动社会进步和经济发展的重要驱动力。在云南这样一个拥有丰富自然资源和文化底蕴的地方，科技创新扮演着至关重要的角色。然而，与其他地区相比，云南在科技创新上面临一些独特的问题。

（一）投资不足

云南在科技创新领域的投资水平相对较低。虽然云南省政府一直在加大对科研机构和高新技术企业的支持力度，但与东部沿海地区相比，投入仍然不够充分。这导致云南科技人才流失严重，很多优秀的人才都选择到更发达地区就业或深造。为解决这个问题，政府可以加大对高校、科研机构和创新型企业的财政补助力度，并鼓励民间资本参与到科技创新中来。此外，还可以建立更灵活、开放的市场机制，引进国内外优秀的科研人才和企业，促进技术创新和产业升级。

（二）中小企业创新能力不足

云南的中小企业在科技创新方面的能力也相对较弱。由于缺乏独立自主的技术研发能力和市场竞争力，无法有效将科技成果转化为实际生产力，导致了很多创新项目停留在理论阶段，科技创新没有得到落地和推广。解决这个问题需要加强对中小企业的支持与服务。政府可以提供相关培训课程和专家指导，提高企业技术创新与管理水平。同时，建立更完善的知识产权保护制度，保障科技成果的合法权益，并鼓励企业进行技术转让和合作共享。

（三）区域间差距较大

云南是地域差异明显的省份，区域间的科技创新发展不平衡现象比较严重。大部分科技资源集中在省会昆明及周边地区，其他地区则相对滞后。这种失衡导致资源浪费和效益低下，也限制了整个云南科技创新的发展。为了解决这个问题，政府可以加大对边远地区和欠发达地区的支持力度。在投资、人才引进与培养等方面给予更多政策优惠和项目扶持。同时，鼓励各地建立合作网络，共享资源与经验，推动区域间的科技创新协同发展。

（四）缺乏战略规划

云南缺乏科技创新的长期战略规划。虽然有些零散的产业政策和支持措施，但缺少系统性和长远性的规划指导。这使得科技创新工作过于碎片化，并且无法形成统一的合力。为解决这个问题，政府应该制定出具体而明确的科技创新发展规划。这包括设定明确的目标与任务，并确定相应的政策措施与资金支持。同时要加强与高校、科研机构和企业之间的沟通协调，形成全社会共同参与、协同推动科技创新工作的良好局面。

云南是一个拥有丰富资源和文化底蕴的地方，科技创新是实现经济转型和可持续发展的关键。然而，云南在科技创新领域还存在投资不足、中小企业创新能力不足、区域间差距大以及缺乏战略规划等问题。为了解决这些问题，政府可以加大对科研机构和高新技术企业的支持力度，并鼓励民间资本参与到科技创新中。同时，要加强对中小企业的支持与服务，提高其技术创新与管理水平。此外，需要加大对边远地区和欠发达地区的支持力度，并建立合作网络促进区域间协同发展。在制定长期战略规划时应明确目标任务，并加强社会各界之间的沟通协调。

第二节　云南省农业数字经济发展的实践探索

云南在数字经济发展方面的实践探索，可以说是一个多元化且富有成效的过程。以下是对几个主要方面的探讨：

首先，云南在数字经济的发展过程中，积极贯彻落实中共中央、国务院关于发展数字经济的战略部署。通过制定并实施《云南省数字经济发展三年行动方案（2022—2024年）》等政策措施，为数字经济的发展提供了坚实的政策保障。这一方案明确了数字经济发展的总体要求和基本原则，强调了市场主导和政府引导的作用，同时注重典型引路、重点突破，以及应用牵引、壮大产业等策略。

其次，云南在数字经济发展中充分发挥了自身的区位、资源和特色产业优势。例如，依托"数字云南"建设，形成了昆明带动多个地市州协同发展的格局。昆明作为云南的省会城市，积极建设数字经济开发区，落地了全国首个区块链中心，推动了电子信息制造群和硅电子材料产业群的发展。此外，云南还利用自身作为面向南亚东南亚辐射中心的地缘优势，加强与周边国家的数字经济合作，推动跨境电子商务、数字贸易等领域的发展。

最后，云南在数字经济发展中注重应用牵引和场景驱动。通过推动数字技术与实体经济深度融合，促进传统产业数字化转型升级。例如，在农业领域，利用数字技术提升农业生产效率和管理水平；在旅游领域，通过"一部手机游云南"等智慧旅游应用，实现游客服务、行业监管的数字化与智慧化。这些应用不仅提升了云南的数字经济水平，也为市民和游客带来了更加便捷、高效的服务体验。

云南还积极探索数据要素流通规则，建立健全数字经济监管和治理体系。通过加强数据安全保护、促进数据共享开放等措施，推动数字经济健康、可持续发展。同时，云南还加强数字经济人才培养和引进工作，为数字经济的发展提供有力的人才支撑。

第三节　云南省数字经济发展水平评价及分析

一、云南省数字经济评价指标体系构建

本章在数字经济评价指标选取中，参考了《2021全国数字经济发展水平评价报告》以及《中国数字乡村发展报告（2021）》的相关指标，并充分借鉴了国内学者在数字经济、产业数字化、数字经济高质量等指标体系构建方面的研究成果。从数字驱动数字经济的影响因素和高质量发展内涵出发，数字经

济的评价指标体系应包含数字化投入、数字化资源、数字化产出、产业深度融合、数字技术创新五个层面。

（1）数字化投入。数字化投入是数字经济发展的前提条件，借鉴现有文献研究，选择数字基础支撑和数字化水平两个二级指标。数字产业基础支撑可以通过农村宽带普及率、农村家庭计算机拥有率、农村投递路线建议比率、农村家庭移动电话普及率等指标测度；数字化水平可以通过农村数字化服务人员占比、农产品电子商务销售率、数字数据采集频率等指标测度。

（2）数字化资源。数字化资源是数字化生产力水平、高质量发展和绿色低碳环保的根基，包括数字农业资源、资源绿色水平、环境治理、农产品质量4个二级指标。数字资源是实现传统产业向现代化数字化转型的核心要素；资源绿色水平是反映数字要素驱动下产业绿色环境发展的重要指标；环境治理是碳排放污染物的重要指标，是现代发展的长久保障，决定了产业能否可持续地进行生产活动；农产品质量主要反映农产品安全问题，是现代产业发展的核心要素。

（3）数字化产出。数字化产出是数字产业高质量发展的关键，是实现数字经济的关键支撑。选取产出效率和产出效益2个二级指标测量数字化产出。产出效率是在全要素生产率测算的基础上，将农业基本投入、固定资产投入作为投入指标，将农业产值比重选取为产出指标计算得出；产出效益是数字经济的有力保障，通过农业劳动生产率和农业从业人数占比进行测算，农业劳动生产率选取农村居民可支配收入、城乡人均收入占比计算得出。

（4）产业深度融合。农村三次产业融合是实现农业转型升级、构建现代化农业产业体系的重要路径，也是实现农业强、农村美、农民富的乡村振兴目标，是探索中国式数字经济的必然选择。选择农业可持续和三产融合两个二级指标，通过农产品加工业产值比值、农业服务业产值占比、乡村非农就业占比等指标进行测度。

（5）数字技术创新。数字技术创新是数字经济发展的助推器，反映了与农业数字技术相关的产业发展情况，包括数字农业基础支撑、农业数字化水平两个二级指标。数字农业的技术创新是小农户与现代农业连接的桥梁，进而促进农业生产经营的全面数字化。数字农业技术创新是促进数字经济发展的重要因素，助力农业产业的全面优化升级以及一二三产业的融合发展，进而有效促进数字经济。

本章按照整体性、代表性、数据的可获得性原则并结合《云南省"十四五"乡村振兴和数字经济规划主要指标》选取了一级指标 5 个、二级指标 14 个、三级指标 45 个，构建云南省数字经济水平评价指标体系。如表 6-1 所示。

表 6-1 云南数字赋能数字经济发展评价指标

一级指标	二级指标	三级指标	数据来源
A1 数字化资源	B1 数字农业资源基础	C1 农业机械化水平	直接数据
		C2 农村投递线路	投递段道上向农村用户投交的路线长度（千米）
		C3 有效灌溉面积	有喷灌等设施的耕地面积比重
		C4 农村数字物联网投入	亿元交通运输、仓储和邮政业全社会固定资产投资
	B2 绿色资源消耗	C5 农用塑料薄膜使用量	农用塑料薄膜使用量（吨）/农作物总播种面积（千公顷）
		C6 播种面积率	家庭承包耕地面积和流转总面积/播种面积
		C7 农村用电量	农村用电量（万千瓦时）/乡村人口数（万人）
		C8 森林覆盖率	森林覆盖面积（千公顷）
	B3 农业环境污染	C9 二氧化碳排放量	二氧化碳排放（万吨）
		C10 农药使用强度	农药使用量（吨）/农作物总播种面积（千公顷）
		C11 化肥施用强度	化肥施用量（吨）/农作物总播种面积（千公顷）
	B4 农产品质量	C12 绿色农产品供给比重	绿色食品认证数
		C13 三品一标基地	国家级三品一标产品总数
		C14 农产品地理标志认证	农产品地理标志认证累计总数
A2 数字技术创新	B5 数字创新技术	C15 R&D 经费抽入强度	农业财政支出
		C16 农业有效发明专利率	有效发明专利数/专利申请数（%）
		C17 创新示范县	农村创业创新典型县

一级指标	二级指标	三级指标	数据来源
A2 数字技术创新	B6 数字要素成果转化	C18 技术市场成交合同金额	基于网络订单而销售的商品和服务总额（亿元）
		C19 电子商务采购额	基于网络订单而采购的商品和服务总额（亿元）
		C20 农产品进口额	直接数据（亿元）
	B7 智农平台建设	C21 农业生产环境检测	环境与农业气象观测业务站点个数
		C22 农村数字化基地	淘宝村数量
		C23 企业网站数	每百家企业拥有的网站数（个）
	B8 数字化产业结构	C24 企业数字化产业协调	农业产业结构调整指数 1-（农业产值/农林牧渔业总产值）
		C25 农村消费品零售水平	乡村消费品零售额/全社会消费品零售额（%）
		C26 能源投入	柴油
A3 数字化产出	B9 产出效率	C27 社会数字产业固定投资	柴油投入总量
		C28 农业产值	粮食单产（吨）
		C29 劳动生产率	农林牧渔业总产值/第一产业从业人员人数
	B10 产出效益	C30 土地生产率	农业总产值/农作物播种面积
		C31 城乡收入比	城市居民收入/农村居民收入
		C32 城乡消费比	城镇居民人均消费支出/农村居民人均消费支出
		C33 休闲农业示范县	休闲农业示范县占比
A4 三产深度融合	B11 农业可持续	C34 龙头企业占比	龙头企业/乡村人口
		C35 农业示范区占比	农产品市场成交额/一产产值
		C36 外贸依存度	农产品进出口总量/生产总值

续表

一级指标	二级指标	三级指标	数据来源
A4 三产深度融合	B12 三产融合层次	C37 城乡协调二元对比系数	第一产业比较劳动生产率 / 第二、第三产业比较劳动生产率
		C38 农业保险深度	医疗保健支出
		C39 已通邮的行政村	已通邮的行政村占全部行政村的比重
A5 数字化投入	B13 发展农业数字化环境	C40 互联网普及率	地区网民数量 / 地区人口
		C41 农村家庭移动电话普及率	农村居民每百户拥有的移动电话数量
		C42 光缆线路覆盖率	每平方千米光缆线路的长度
	B14 农业数字发展水平	C43 农产品企业参加电子商务活跃度	参加电子商务交易活动的企业比重（%）
		C44 恩格尔系数	农村居民恩格尔系数
		C45 镇区及乡村消费品零售额比重	镇区及乡村消费品零售额占全社会消费品零售额比重（%）

二、云南数字经济评价指标赋权方法

本章采用主客观组合赋权法确定云南数字经济发展各指标的权重，进而测度云南数字经济发展水平。其中，主观赋权法采用 AHP 层次分析法，客观赋权法采用熵值法，最终权重以二者的算术平均计算得到。二者相结合从而确定评价指标的组合权重以保证指标权重的可靠性。

（一）云南省数字经济评价指标赋权计算步骤

对于云南数字经济水平评价，在基于表 6-1 构建的评价指标体系前提下，分为以下四个步骤：

步骤 1：运用 AHP 法确定各项评价指标的主观权重 W_{AHPj}，$j=1$，2，$\cdots$，n。

这一步骤主要是确定各指标的主观权重。采用专家打分法，获得每个层次下各评价指标之间两两矩阵，计算出各一级指标、二级指标和三级指标权重，为进行后面的组合权重计算，进一步计算得到二级指标整体的主观权重 W_{AHPj}。

步骤2：运用熵值法确定各评价指标的客观权重 W_j，$j=1$，2，…，n。

这一步骤用于确定各指标客观权重。基于云南数字经济水平评价各指标原始数据，运用熵值法，计算三级指标整体的客观权重 W_j。

步骤3：基于 AHP– 熵值法计算各指标组合权重 W_j，$j=1$，2，…，n。

这一步骤主要确定评价指标的组合权重。AHP 法依靠评价专家的主观想法，计算出的权重主观随意性较大，缺乏可靠性和稳定性。熵值法客观赋权法只是从样本数据出发来判断指标的重要性，没有将数据之外的信息考虑到，且样本数据本身也有一定的局限性。因此，本章将两者结合，先使用 AHP 法和熵值法来分别计算指标权重，再对权重数据进行组合，计算出组合权重，从而以此为基础开展评价。具体的组合权重计算公式如下：

$$W_j = \frac{W_{AHP} \times W_{jj}}{\sum_{j-1}^{n} W_{AHP_j} \times W_j}$$

步骤4：基于 TOPSIS 评价方法确定最终权重。

运用 TOPSIS 法计算出 2011~2021 年云南数字经济水平评价得分即相对贴近度，并对云南数字经济水平评价 2011~2021 年计算得到的综合农业现代化值进行排序。

第一，运用无量纲化法对衡量云南数字经济的 45 个分指标进行标准化处理，得到 X_{ij}。

第二，构建各分指标的加权矩阵 R：

$R = (r_{ij})_{n \times m}$

$r_{ij} = W_j \times X_{ij}'$　其中，W_j 为 AHP 和熵值法的组合赋值。

利用加权矩阵 R 得到最优解 Q_j^+ 和最劣解 Q_j^-。

$Q_j^+ = (\max r_{i1}, \max r_{i2}, \cdots, \max r_{in})$，$Q_j^- = (\max r_{i1}, \max r_{i2}, \cdots, \max r_{in})$

第三，计算各二级指标和最优解 Q_j^+ 和最劣解 Q_j^- 之间的欧氏距离 d_j^+ 和 d_j^-。

$$d_i^+ = \sqrt{\sum_{j=1}^{m}(Q_j^+ - r_{ij})^2} ， d_i^- = \sqrt{\sum_{j=1}^{m}(Q_j^- - r_{ij})^2}$$

第四，计算各二级指标和理想解之间的相对接近度 C_i。

$$X = \frac{d_i^-}{d_i^+ + d_i^{-\prime}} \quad X \in [0,1]$$

其中，C_i 越大说明年份 i 的综合水平越高；反之，则越低。

（二）相关指标数据来源与数据可靠性分析

为保证数据的连续性、可比性、真实性，本章所涉及的云南数据均来源于 2011~2021 年《中国统计年鉴》《中国农村统计年鉴》《云南省统计年鉴》《云南农业年鉴》《中国农业机械工业年鉴》《中国电子信息产业统计年鉴》以及工信部统计数据等。在数据获取中，部分地区存在某些指标某一年数据缺失的情况，对于缺失数据采用线性插值法进行补全。

为获得筛选指标依据，对指标层数据进行克朗巴哈系数检验。通常克朗巴哈系数的值在 0~1。如果 α 系数 ≤ 0.6，一般认为信度不足；系数 $0.7 \leq \alpha \leq 0.8$ 时表示具有一定的信度，系数 $0.8 \leq \alpha \leq 0.9$ 时说明信度非常好。本章的数据通过一致性检验得出的 α 系数为 0.934（见表 6-2），通过检验。

表 6-2　数据可靠性分析

项数	Cronbach's α 系数
45	0.934

三、云南省数字经济评价指标权重计算

（一）基于 AHP 层次分析法的主观权重计算

已经构建的云南省数字经济评价体系，实行步骤 1，确定评价指标体系各指标的权重时使用 AHP 法。考虑到问卷填写的质量，本章选取了经验丰富、拥有专业知识且熟悉农科院的的专家打分。

步骤 1：云南数字经济评价体系各层次判断矩阵的构建。

一级指标判断矩阵如表 6-3 所示。

表 6-3　K-A 判断矩阵

U	A1	A2	A3	A4	A5	Wi	
A1	1	3	2	3	3	0.3784	R=0.0916
A2	0.3333	1	2	4	2	0.2429	
A3	0.5	0.5	1	4	2	0.1959	
A4	0.3333	0.25	0.25	1	2	0.0938	$\lambda\max=5.4102$
A5	0.3333	0.5	0.5	0.5	1	0.0890	

依次去构建二级指标判断矩阵，计算结果如表 6-4 所示。

表 6-4　基于 AHP 法的云南数字经济评价指标权重

	一级指标	一级指标权重	二级指标	二级指标权重
云南数字经济评价指标	A1	0.3784	B1	0.2195
			B2	0.0800
			B3	0.0551
			B4	0.0239
	A2	0.2429	B5	0.1251
			B6	0.0663
			B7	0.0333
			B8	0.0182
	A3	0.1959	B9	0.1469
			B10	0.0490
	A5	0.089	B13	0.0667
			B14	0.0222
	A4	0.0938	B11	0.0751
			B12	0.0188

步骤 2：计算权重以及一致性比例。

当 $CR<0.1$ 时，则说明该矩阵满足一致性，运用 yaahp 分别计算一级指标和二级指标的权重，一致性比例：$0.0927<0.1$，所以通过了检验。

步骤 3：计算数字经济综合评价指标体系中各指标的主观权重 $WAHP_j$。由 AHP 法计算的权重结果可知，一级指标五大维度对综合绩效评价影响程度由强到弱依次是数字化资源 A1（0.3784）、数字农业技术创新 A2（0.2429）、数字化产出 A3（0.1959）、三产深度融合 A4（0.0938）、数字化投入 A5（0.089），其中影响最大的是数字化资源，相对影响程度较弱的是三产深度融合和数字化投入这两个指标。从整体 $WAHP_j$ 的结果可以看出，本章构建的 14 个评价指标中，产生较大影响的前五个指标分别是 B1 数字农业资源基础、B5 数字创新技术、B9 产出效率、B6 数字要素成果转化、B2 绿色资源消耗，其中在一级指标中，数字化资源 A1、数字农业技术创新 A2、数字化产出 A3 的权重均大于 0.1，进一步说明数据要素对云南农业现代发展的地位不容忽视，影响较大。如表 6-5 所示。

表 6-5　三级评价指标体系各层次判断矩阵及一致性检验结果

层次模型	判断矩阵					权重	一致性检验
	B1	C1	C2	C3	C4	Wi	
B1	C1	1	4	7	3	0.5676	CR=0.0510 $\lambda max=4.1363$
	C2	0.25	1	5	2	0.2326	
	C3	0.1429	0.2	1	0.5	0.0626	
	C4	0.3333	0.5	2	1	0.1373	
	B2	C5	C6	C7	C8	Wi	
B2	C5	1	0.3333	2	2	0.2066	CR=0.0674 $\lambda max=4.1800$
	C6	3	1	4	7	0.5578	
	C7	0.5	0.25	1	4	0.1651	
	C8	0.5	0.1429	0.25	1	0.0705	
	B3	C10	C9	C11		Wi	
B3	C9	1	3	6		0.6348	CR=0.0904 $\lambda max=3.0940$
	C10	0.3333	1	5		0.2872	
	C11	0.1667	0.2	1		0.078	
	B4	C12	C13	C14		Wi	
B4	C12	1	2	5		0.5591	CR=0.0516 $\lambda max=3.0536$
	C13	0.5	1	5		0.3522	
	C14	0.2	0.2	1		0.0887	
	B5	C15	C16	C17		Wi	
B5	C15	1	2	4		0.5469	CR=0.0516 $\lambda max=3.0536$
	C16	0.5	1	4		0.3445	
	C17	0.25	0.25	1		0.1085	
	B6	C18	C19	C20		Wi	
B6	C18	1	0.5	2		0.2764	CR=0.0053
	C19	2	1	5		0.5954	

层次模型	判断矩阵				权重	一致性检验
B6	C20	0.5	0.2	1	0.1283	$\lambda max=3.0055$
	B7	C21	C22	C23	Wi	
B7	C21	1	3	5	0.637	CR=0.0370
	C22	0.3333	1	3	0.2583	$\lambda max=3.0385$
	C23	0.2	0.3333	1	0.1047	
	B8	C24	C25	C26	Wi	
B8	C24	1	1	5	0.4545	CR=0.0000
	C25	1	1	5	0.4545	$\lambda max=3.0000$
	C26	0.2	0.2	1	0.0909	
	B9	C27	C28	C29	Wi	
B9	C27	1	2	3	0.5278	CR=0.0516
	C28	0.5	1	3	0.3325	$\lambda max：3.0536$
	C29	0.3333	0.3333	1	0.1396	
	B10	C31	C32	C30	C33	Wi	
	C30	1	2	3	3	0.4314	
B10	C31	0.5	1	4	3	0.3326	CR=0.0687
	C32	0.3333	0.25	1	2	0.1349	$\lambda max=4.1833$
	C33	0.3333	0.3333	0.5	1	0.1012	
	B11	C35	C36	C34	Wi	
B11	C34	1	1	5	0.4443	CR=0.0036
	C35	1	1	6	0.4721	$\lambda max=3.0037$
	C36	0.2	0.1667	1	0.0836	
	B12	C38	C39	C37	Wi	
B12	C37	1	3	3	0.5936	CR=0.0516
	C38	0.3333	1	2	0.2493	$\lambda max=3.0536$
	C39	0.3333	0.5	1	0.1571	
	B13	C41	C42	C40	Wi	
B13	C40	1	5	5	0.7089	CR=0.0516

续表

层次模型	判断矩阵				权重	一致性检验
B13	C41	0.2	1	2	0.1786	λmax=3.0536
	C42	0.2	0.5	1	0.1125	
B14	B14	C44	C45	C43	Wi	CR=0.0025
	C43	1	3	7	0.6817	λmax=3.0026
	C44	0.3333	1	2	0.2158	
	C45	0.1429	0.5	1	0.1025	

（二）基于熵值法的客观权重计算

根据上文构建的云南数字经济评价体系，进行步骤 2，确定云南数字经济评价指标体系各指标的客观权重 W_j 时熵值法。本章的原始数据主要来自《云南统计年鉴》（2011~2021 年）的数据。如表 6-6 所示。

表 6-6　熵值法计算评价指标权重结果

指标名称	权重系数	信息熵 e	正向理想解	负向理想解	属性
C1 农业机械化水平	0.019836	0.85076	0.019838	0.000002	正
C2 农村投递线路	0.014437	0.891382	0.014438	0.000001	正
C3 有效灌溉面积	0.016654	0.874698	0.016656	0.000002	正
C4 数字服务固定资产投资	0.021283	0.839871	0.021285	0.000002	正
C5 农用塑料薄膜使用量	0.00764	0.942518	0.007641	0.000001	正
C6 播种面积率	0.011101	0.916478	0.011102	0.000002	正
C7 农村用电量率	0.006907	0.948031	0.006908	0.000001	负
C8 森林覆盖率	0.01878	0.858702	0.018782	0.000002	正
C9 二氧化碳排放量	0.020354	0.84686	0.020356	0.000002	负
C10 农药使用强度	0.017743	0.866504	0.017745	0.000002	负
C11 化肥施用强度	0.017743	0.866504	0.017745	0.000002	负
C12 绿色农产品供给比重	0.026015	0.804269	0.026017	0.000003	正
C13 三品一标基地	0.017839	0.865782	0.017841	0.000002	正
C14 农产品地理标志认证	0.022843	0.828135	0.022845	0.000002	正
C15 R&D 经费投入强度	0.009445	0.928936	0.009446	0.000001	正

续表

指标名称	权重系数	信息熵 e	正向理想解	负向理想解	属性
C16 创新示范县	0.065536	0.50692	0.065542	0.000007	正
C17 农业有效发明专利率	0.013866	0.895675	0.013867	0.000001	正
C18 技术市场成交合同金额	0.033242	0.749892	0.033245	0.000003	正
C19 电子商务采购额	0.028264	0.78735	0.028266	0.000003	正
C20 农产品进口额	0.014618	0.890019	0.014619	0.000001	正
C21 农业生产环境检测	0.01111	0.916408	0.011111	0.000001	正
C22 农村数字化基地	0.046422	0.65073	0.046426	0.000005	正
C23 企业网站数	0.012603	0.90518	0.012604	0.000001	正
C24 企业数字化产业协调	0.0106	0.920249	0.010601	0.000001	正
C25 农村消费品零售水平	0.019875	0.850463	0.019877	0.000002	正
C26 能源投入	0.020723	0.844083	0.020725	0.000002	正
C27 社会数字产业固定投资	0.022039	0.834185	0.022041	0.000002	正
C28 农业产值	0.016266	0.87762	0.016267	0.000002	正
C29 劳动生产率	0.018538	0.860521	0.01854	0.000002	正
C30 土地生产率	0.013848	0.895806	0.01385	0.000001	正
C31 城乡收入比	0.01837	0.861787	0.018372	0.000002	正
C32 城乡消费比	0.021631	0.837256	0.021633	0.000002	正
C33 休闲农业示范县	0.016542	0.875539	0.016544	0.000002	正
C34 龙头企业占比	0.018784	0.858676	0.018785	0.000002	正
C35 农业示范区占比	0.009223	0.93061	0.009224	0.000001	正
C36 外贸依存度	0.009455	0.928863	0.009456	0.000001	正
C37 城乡协调二元对比系数	0.080218	0.396453	0.080226	0.000008	正
C38 农业保险深度	0.01204	0.909411	0.012041	0.000001	正
C39 已通邮的行政村	0.043635	0.671699	0.043639	0.000004	正
C40 互联网普及率	0.088652	0.332999	0.088661	0.000009	正
C41 农村家庭移动电话普及率	0.013123	0.901265	0.013124	0.000001	正
C42 光缆线路覆盖率	0.02314	0.825895	0.023143	0.000002	正
C43 农产品企业电子商务活跃度	0.015203	0.885612	0.015205	0.000002	正

续表

指标名称	权重系数	信息熵 e	正向理想解	负向理想解	属性
C44 农村邮政通信服务水平	0.022943	0.827381	0.022945	0.000002	正
C45 农民交通通信支出水平	0.010874	0.918189	0.010875	0.000001	正

（三）基于 AHP- 熵权法的综合权重计算

综合权重依据上文公式，由 AHP 法和熵值法分别计算出的权重数据所得。最终，基于 AHP 分析法和熵值法计算得到云南省数字经济发展评价指标的综合权重。如表 6-7 所示。

表 6-7　基于 AHP- 熵值法的云南数字经济评价三级指标组合权重值

指标	AHP 权重	熵权法权重	综合权重	综合排序
C1 农业机械化水平	0.5676	0.019605	0.0315	18
C2 农村投递线路	0.2326	0.014268	0.0094	32
C3 有效灌溉面积	0.0626	0.01646	0.0029	42
C4 农村数字物联网投入	0.1373	0.021035	0.0082	28
C5 农用塑料薄膜使用量	0.2066	0.007551	0.0044	29
C6 播种面积率	0.5578	0.010972	0.0173	12
C7 农村用电率	0.1651	0.018477	0.0086	43
C8 森林覆盖率	0.0705	0.018561	0.0037	34
C9 二氧化碳排放量	0.6348	0.020117	0.0361	4
C10 农药使用强度	0.2872	0.017536	0.0142	19
C11 化肥施用强度	0.078	0.017536	0.0039	30
C12 绿色农产品供给比重	0.5591	0.025712	0.0407	5
C13 三品一标基地	0.3522	0.017631	0.0176	2
C14 农产品地理标志认证	0.0887	0.022577	0.0057	6
C15 R&D 经费投入强度	0.5469	0.009335	0.0144	20
C16 创新示范县	0.3445	0.064772	0.0631	3
C17 农业有效发明专利率	0.1085	0.013704	0.0042	41
C18 技术市场成交合同金额	0.2764	0.032855	0.0257	24
C19 电子商务采购额	0.5954	0.027934	0.0470	9

指标	AHP 权重	熵权法权重	综合权重	综合排序
C20 农产品进口额	0.1283	0.014447	0.0052	37
C21 农业生产环境检测	0.637	0.010981	0.0198	15
C22 农村数字化基地	0.2583	0.045881	0.0335	13
C23 企业网站数	0.1047	0.012456	0.0037	44
C24 企业数字化产业协调	0.4545	0.010476	0.0135	22
C25 农村消费品零售水平	0.4545	0.019644	0.0252	21
C26 能源投入	0.0909	0.020482	0.0053	38
C27 社会数字产业固定投资	0.5278	0.021782	0.0325	10
C28 农业产值	0.3325	0.016076	0.0151	26
C29 劳动生产率	0.1396	0.018322	0.0072	27
C30 土地生产率	0.4314	0.013687	0.0167	11
C31 城乡收入比	0.3326	0.018156	0.0171	14
C32 城乡消费比	0.1349	0.021379	0.0082	23
C33 休闲农业示范县	0.1012	0.01635	0.0047	39
C34 龙头企业占比	0.4443	0.018565	0.0233	7
C35 农业示范区占比	0.4721	0.009115	0.0122	16
C36 外贸依存度	0.0836	0.009345	0.0022	45
C37 城乡协调二元对比系数	0.5936	0.079283	0.1331	17
C38 农业保险深度	0.2493	0.0119	0.0084	31
C39 已通邮的行政村	0.1571	0.043126	0.0192	40
C40 互联网普及率	0.7089	0.087619	0.1757	1
C41 农村家庭移动电话普及率	0.1786	0.01297	0.0066	35
C42 光缆线路覆盖率	0.1125	0.022871	0.0073	33
C43 农产品企业电子商务活跃度	0.6817	0.015026	0.0290	8
C44 恩格尔系数	0.2158	0.022676	0.0138	25
C45 乡村消费品零售额比重	0.1025	0.010747	0.0031	36

根据表 6-7 可以得出影响云南数字经济最为重要的五个指标分别是：C40

互联网普及率、C13 三品一标基地、C16 创新示范县、C9 二氧化碳排放量、C12 绿色农产品供给比重，首先，互联网普及率是所有三级指标中最为重要的一个指标，其权重为 0.1757。说明对于提升数字经济而言，最为关键的是提升互联网普及率。其次，三品一标基地权重为 0.04，说明三品一标基地对于数字经济发展也处于十分重要的位置。再次，创新示范县基地权重为 0.063，说明技术创新、管理创新对于数字经济十分重要。最后，二氧化碳排放量权重为 0.036，绿色农产品供给比重权重为 0.0723，进一步说明绿色对数字经济起着重要作用。另外，C36 外贸依存度、C23 企业网站数、C7 农村用电率及 C3 有效灌溉面积等指标对于数字经济的影响均不显著。通过三级指标计算得到的二级指标和一级指标权重如表 6-8 所示。

表 6-8　云南数字经济一、二级评价指标权重

一级指标组合权重		二级指标组合权重	
A1	0.204090961	B1	0.051937313
		B2	0.03404785
		B3	0.05422629
		B4	0.063879509
A2	0.260673555	B5	0.081748149
		B6	0.077959762
		B7	0.056985576
		B8	0.043980067
A3	0.101474718	B9	0.054863004
		B10	0.046611715
A4	0.198341869	B11	0.037696661
		B12	0.160645208
A5	0.235409502	B13	0.189486792
		B14	0.04592271

四、云南数字经济评价模型构建

在已设计出的数字经济综合水平评价指标体系和各项指标进行层次分

析与熵值法的基础组合权重上，本章构建了云南数字经济综合水平评价模型组。

（1）二级指标评估。根据已构建的云南省数字经济评价指标体系和专家对云南数字经济三级指标的打分情况计算二级指标得分情况。二级指标得分 F_2 可以由三级指标综合得分 F_{3i} 乘以指标相对权重，最后相加得出。云南数字经济二级指标 B1~B14 打分结果依次为：7.459、5.914、7.606、7.823、8.000、6.738、8.141、7.134、6.315、7.275、8.119、7.586、8.427、7.617。

（2）一级指标评估。根据已构建的数字经济高质量发展评价指标体系和专家对云南省农业指标的打分情况计算一级指标得分情况，一级指标得分 F_1 可以由二级指标得分 F_{2i} 乘以指标相对权重，最后相加得出得分。综合专家打分结果，云南数字经济一级指标 A1~A5 打分结果依次为：7.622、6.916、7.730、5.690、6.195。

（3）综合水平评估模型组。云南数字经济综合水平评估模型组的构成和数学表达式如下：

$$U = \sum_{i1}^{n} W_{3i} \times F_{3i}$$

根据上述模型，在专家对三级指标的打分基础上，算出云南数字经济综合得分：

$$U=0.0314 \times 8+0.0093 \times 6.5+\cdots+0.00311 \times 7=7.6147$$

综合上述指标计算结果得出：云南数字农业高质量发展状况总得分为 7.6147，处于中等偏上发展水平。

第四节　云南省数字经济发展战略方向及思路

一、战略方向

以习近平新时代中国特色社会主义思想为指导，全面贯彻党的十九大和党的十九届历次全会精神，深入贯彻落实习近平总书记关于网络强国、数字中国的重要论述和考察云南重要讲话精神，立足新发展阶段，完整、准确、全面贯彻新发展理念，融入新发展格局，以推动高质量发展为主题，以创新引领、数据驱动为核心，夯实数字基础设施，深化数字开放合作；坚持以问题为导向、以需求为牵引的原则，聚焦人民群众需求，从经济社会发展实际出发，协同推进数字经济、数字政府、数字社会建设，以数字化转型驱动生产方式、生活方式和治理方式变革，为云南高质量跨越式发展提供强大支撑。

（一）着力夯实数字基础设施

打造高速互联的通信网络设施。推进全省城市骨干网络升级与扩容，积极申报建设国家级互联网骨干直联点，加快全省百兆宽带接入比例，面向重点区域持续扩大千兆固定宽带接入覆盖范围。持续开展 4G 网络优化补点，推进 5G 网络规模部署，促进 5G 和 4G 协同发展。加快泛在物联网感知网络部署，推进智能传感器布设，支撑物联网应用发展。积极推进卫星遥感、通信、导航定位等有关产业发展，加快行业应用创新。

推进 IPv6（互联网协议第 6 版）规模应用。优化 IPv6 服务性能，提升云服务平台、内容分发网络的 IPv6 服务能力，推动数据中心、边缘云等支持 IPv6。拓展 IPv6 行业融合应用，重点开展电子政务外网、政务云平台、政府网站等 IPv6 改造，积极推动工业、农业、教育、医疗、社会保障等行业 IPv6 应用发展。

建立集约高效的算力基础设施。支持发展绿色大数据中心，加快部署为人工智能、区块链技术应用提供专门服务的算力中心，谋划建设超算中心等高性能算力基础设施，探索建设国际互联网数据中心，推动边缘数据中心按需布局，构建布局均衡、协同供给、梯次连续的算力基础设施体系。加快推进省级国防动员潜力数据中心等重点行业算力基础设施建设，积极争取国家各类数据中心在云南布局建设。推进云南一体化大数据中心体系建设，引导全省数据中心资源集约利用、统筹布局。

（二）打造协同善治数字政府

以推动数字政府改革为目标，以应用需求为导向，以提升政府服务质量和工作效率为切入点，基于政务云等信息化基础设施，加快推进政府信息化建设，打造"一网协同""一网通办""一网统管"政府运行与服务管理模式。

（三）大力发展数字经济

以应用为导向，拓展应用场景，推动企业上云和产业互联网建设，加快农业、制造业、能源、物流、旅游等产业数字化转型，推进"上云用数赋智"，实现数字经济与实体经济融合发展。大力发展电子信息制造业、软件和信息技术服务业等数字经济核心产业，支撑产业数字化发展。

（四）构建便捷的普惠数字社会

综合运用大数据、人工智能、区块链等技术手段，加快构建民生领域智慧化服务体系，推进医疗、教育、养老、政府救助等基础支撑能力建设，打造惠民、便民的智慧服务。围绕乡村基础设施、乡村治理以及乡村惠民服务等关键领域，加快数字乡村建设。以城市发展实际需求为出发点，推进全省数字城市建设。聚焦构筑美好数字生活，推进智慧社区建设，进一步推广数字家庭应用，提升公民数字素养。

（五）构筑面向南亚东南亚辐射中心数字枢纽

围绕面向南亚东南亚辐射中心数字枢纽，建设跨境数字基础设施，打造国际通信枢纽和产业合作平台，推进跨境贸易、跨境物流、跨境金融数字化发展，大力发展跨境电子商务，推进跨境数字经济国际合作，构建数字丝路的战略核心枢纽。

（六）营造健康安全数字生态

加快建立数字化发展政策体系，统筹推进政策、规章制度制定，建立完善数据安全防控体系，强化数据安全技术研发应用，持续推进安全策略与机制体制创新，加强涉及国家利益、商业秘密、个人隐私的数据保护，加强先进数字技术交流，构建良好数字化发展环境。

（七）环境影响评价

（1）效益分析。本规划实施后，基本建成数字基础支撑体系，光纤宽带网、无线宽带网、物联网实现深度覆盖，建成全省一体化大数据中心体系。数字经济规模快速扩张并成为全省经济发展的重要增长点之一，建成一批数字经济产业集聚区，数字技术与实体经济实现深度融合，经济发展新动能快速释放。数字社会服务水平快速提升，数字乡村治理服务水平显著提升，人民生活数字化发展加快，公民数字素养不断提升。数字政府运行与治理效能显著优化，政府业务流程高效协同、政府决策科学智慧、社会治理精准有效。建成"城市大脑"核心中枢，推进城市规划、建设、管理和运营全面数字化，形成数字城市建设发展新模式。数字化国际合作更加活跃，初步建成面向南亚东南亚辐射中心数字枢纽。数字化发展政策保障、安全保障能力显著增强，数字生态体系基本健全。

（2）不利环境影响分析。数字化基础设施、数字化应用等工程建设对环境的局部不利影响较弱，主要体现在工程实施过程中产生的噪声、废渣等以及在部分工程建成后存在的极少量电子辐射影响，经分析验证，这些影响是暂时且可控的，只要在项目实施及运行过程中充分重视可能存在的不利影响，严格落实有关管理标准要求，采取相应的环境保护措施，及时优化调整实施方式，在很大程度上可以减轻或避免规划实施的不利环境影响，不存在重要的环境制约因素，从环境角度评价，规划是可行的。

（3）消除和减轻不利环境影响的措施。工程实施过程中，依法加强建设项目环境影响评价等前期工作，严格落实生态空间保护要求，并与国土空间规划、生态环境保护规划等相衔接。优化工程方案设计，从生态环境角度提出切实可行有效的保护、减缓和补偿措施。坚持节约优先和绿色发展，强化节能减排技术应用。加强跟踪监测评估，对可能受影响的重要生态环境敏感区和重要目标加强监测与保护，及时掌握环境变化，采取相应的对策措施。工程运行过程中，严格落实信息通信基础设施、大数据中心等运行管理有关标准要求，开展电子辐射、废水废气等环境影响重要指标的动态监测，实时掌握环境影响情况，及时调整优化。

（八）风险评估

为有效规避、预防、控制规划实施过程中可能产生的风险，根据《云南省重大行政决策程序规定》（云南省人民政府令第 217 号），对规划中的决策事项，可能存在的社会稳定、生态环境、法律纠纷、财政金融和技术安全等风险进行评估，并提出应对措施。

（九）保障措施

在建设"数字云南"领导小组的统筹下，组织、指导、协调各地各部门推进云南数字化发展。做好规划的贯彻实施，加强综合协调和督促落实，以重大项目、重点企业为切入口，完善项目评估督导和统计工作。各地各部门要加强对数字化发展的学习研究，提高数字化认知水平，统一思想行动，结合本地本部门实际认真贯彻落实，并根据各自职责，研究制定本地本部门推进数字化发展的实施方案。构建数字经济统计指标监测体系、考核评估体系，建立全省数字经济运行监测预警机制。

二、发展思路

（1）坚持以市场为导向。充分发挥市场在资源配置中的决定性作用，激发市场活力和创造力。加强政策引导和扶持，营造良好的数字经济发展环境。

（2）加强创新驱动。强化科技创新在数字经济发展中的核心作用，加强关键核心技术的研发和攻关。鼓励企业加大研发投入，培育创新型人才，推动数字经济技术创新和应用。

（3）优化产业布局。根据云南的区位优势和资源特点，优化数字经济产业布局。重点发展大数据、云计算、人工智能等战略性新兴产业，推动传统产业升级改造。

（4）加强人才队伍建设。加强数字经济人才队伍建设，培养具备创新精神和专业技能的高素质人才。鼓励高校、科研机构与企业合作，加强产学研用一体化建设，推动科技成果转化和应用。

（5）强化监管和治理。加强数字经济监管和治理体系建设，建立健全数据安全保护、知识产权保护等法律法规和制度。加强跨部门、跨地区协同监管和执法力度，保障数字经济健康有序发展。

第五节　小结

云南数字经济与农业发展趋势呈现出基础设施不断完善、产业结构优化升级、科技创新进步、教育金融服务便利以及政府政策扶持等积极特点。未来，随着数字技术的不断发展和应用，云南数字经济与农业的融合将更加深入，为数字经济和乡村振兴注入新的动力。

第七章 数字经济推动农村共同富裕

继我国网购市场规模达 1 万亿后，城市网购市场增速日渐放缓，农村市场成为电商下一轮增长的新引擎。

农村网民数量的攀升以及互联网的普及也增加了农村电商消费市场的潜力。2023 年，中国网民数量统计我国网民规模达 10.79 亿人，互联网普及率达76.4%，截至 2023 年 12 月，农村地区互联网普及率为 66.5%。

第一节 数字农村

在推动农村地区共同富裕的过程中，数字经济不仅彰显了实践创新的力量，同时还发挥了其自身的多维优势。数字经济以其固有的跨界融合能力，在创新驱动、政策引导、资源整合、能力提升、开放合作五个关键领域展示了推动农村地区共同富裕的潜力。具体而言，在创新驱动方面，数字经济通过技术革新引领农村地区生产力的提升和经济效益的增长，为农民富裕打下坚实基础；在政策引导方面，政府通过支持数字技术企业发展和加强农村基础设施建设等举措，为数字经济在农村地区落地生根创造了有利条件；在资源整合方面，数字经济优化了农村资源配置，提高了农村生产力，为农民开辟了增收渠道和就业机会；在能力提升方面，数字技术的推广普及，显著提高了农民的技术水平和市场竞争意识，为社会经济的全面发展贡献了力量；在开放合作方面，数字经济倡导的开放性和协作性，加强了城乡间的互联互通，实现了资源共享和协同发展，为农村地区共同富裕提供了广阔的空间。上述五个方面的协同作用，构成了数字经济推动农村地区共同富裕的综合动力系统。

数字经济塑造了农村地区共同富裕的新图景，激发出农村经济的新活力，主要表现在：通过建立"平台＋农户"的模式，促进了农民的集体增收；提升了居民的数字素养，为返乡创业与非农就业铺设了新通道；在"环境入股＋保底分红"的机制下，生态环境保护与村级集体经济增长不断协调推进；数字经济与文化的结合满足了农民的精神文化需求，而"数字＋基础硬件"的城乡一体化发展模式正加速农业与农民生活的数字化转型。此外，政策的引领与保障为数字经济在农村地区的发展提供了坚实的支撑，开启了农村地区共同富裕的新篇章。

第二节　数字经济推动农村地区共同富裕

一、数字经济与农村地区共同富裕的关系分析

数字经济作为一种全新的经济发展模式，正成为推动农村地区共同富裕的强大动力。这种经济形态通过深化农村产业转型、创新农业经营方式、整合线上线下资源等途径，有效提升农业的附加值和市场竞争力。数字经济不仅促进了农业生产效率的提升和农产品价值的增加，也为农村地区带来了更广阔的市场机遇和更优质的公共服务，从而全面提高农村居民的生活水平和幸福感。

第一，数字经济促进农村地区的产业转型升级。数字经济可以通过多种方式，为农村地区提供更多的创新机会和发展空间，帮助农村地区打破传统的资源和地域限制，实现农业生产方式的现代化、农业经营模式的多样化、农业产业结构的优化。①利用云计算、物联网、大数据、人工智能等数字技术，提升农业生产的智能化、精准化、绿色化水平，实现农业生产的数字化管理和监控，提高农业生产效率和质量，降低农业生产成本和风险，提升农业附加值和竞争力。②利用数字文化、数字教育、数字医疗、数字政务等数字服务，改善农村地区的公共服务和社会治理，提高农村地区的人力资本和社会资本，促进农村地区的人才培养和流动，增强农村地区的创新能力和吸引力。③利用数字技术和数字资源，培育新型农业经营主体，如家庭农场、农民合作社、农业社会化服务组织等，实现农业生产的规模化、专业化、组织化，提高农业生产的协同效率和抗风险能力。④利用数字技术和数字内容，发展特色农业、休闲农业、生态农业等新型农业产业，如乡村旅游、农业体验、农业教育、农业文化等，实现农业生产的多元化、差异化、个性化，满足农村地区和城市居民的多样化需求。⑤利用数字技术和数字平台，推动农业与工业、服务业的深度融合，形成农业、工业、服务业相互牵引、相互支撑、相互促进的产业体系，实现农业农村的高质量发展。

　　第二，数字经济促进农村地区的市场开放和融合。数字经济通过提供更广泛的市场渠道和信息，促进农村与城市及外部市场的连接，拓展市场空间并提升农产品的竞争力，从而有效增加农民收入，激发新的市场活力，加速农村市场的开放和融合。①拓展农村地区的市场渠道和消费需求。数字经济可以为农村地区提供更广阔的市场空间和更便捷的市场信息，帮助农村地区打破传统的地域和时间限制，实现与外部市场的有效对接，提高农村地区的市场参与度和市场选择度。通过数字平台的搭建，农村地区可以实现农产品的线上线下融合销售，提高农产品的品牌价值和溢价能力，增加农民的收入，提升农村地区的市场活力和消费潜力。同时，数字经济也可以创造和满足农村地区的多样化消费需求，丰富农村地区的消费内容和消费形式，提升农村地区的消费水平和消费质量。②促进农村地区的市场开放。数字经济可以为农村地区提供更多的资源共享和互利合作机会，帮助农村地区打破传统的资源和要素的隔离，提升农村地区的资源利用率和配置效率。通过数字技术的支持，农村地区可以实现技术、资金、人才等要素的引进和输出，促进技术创新和人才培养，提升技术水平和人力资本。同时，数字化赋能农产品流通环节，使流通效率快速提高，规模快速扩大，有利于乡村三产融合。③提升农村地区的市场监管和服务水平。数字经济可以为农村地区提供更多的市场监管及服务的手段和方法，帮助农村地区实现与城市和外部市场的规则衔接，打破传统的市场秩序和市场效率的矛盾，增加农村地区的市场信任度和市场竞争力。通过数字技术的应用，农村地区可以实现农产品的质量追溯和安全监控，提高农产品的质量标准和安全保障，提升农产品的市场信誉。同时，数字经济也可以提供更多的市场服务和公共服务，如农业金融、农业保险、农业物流、农业咨询等，从而降低农村地区的市场成本和市场风险，提升农村地区市场的运行效率、可达性和便利度。

　　第三，数字经济改善农村地区的公共服务和社会治理。数字经济作为以提高生产效率和社会福利为主要目标的经济形态，不仅能够推动农村地区的产业转型和升级，也可以改善农村地区的公共服务和社会治理，提升农民的生活水平和幸福感，为乡村振兴战略的实施提供有力支撑。①提升农村地区的公共服务供给水平。数字经济可以为农村地区提供更优质的公共服务资源和手段，提高农村地区的公共服务水平，帮助农村地区解决传统的公共服务供给不足和不平衡的问题，缩小城乡之间的公共服务差距。通过数字技术的运用，农村地区可以实现教育、医疗、养老、文化等公共服务的在线化、智能化、便捷化，满足农民的多元化和个性化的公共服务需求，提高农民的生活质量。例如，利用互联网、大数据、人工智能等技术打造远程教育、远程医疗、智慧养老、在线文化等数字服务平台，可以让农村地区享受到优质的教育、医疗、养老、文化等资源。②提升农村地区的公共服务效率。数字经济可以为农村地区提供更高效的公共服务管理和监督，帮助农村地区解决传统的公共服务效率低下和效果不佳等问题。通过数字技术的赋能，农村地区可以实现公共服务的数据化、精准化、协同化，提高公共服务的决策支持力度和执行水平，提升公共服务的质量和满意度。例如，利用物联网、云计算、区块链等技术建立公共服务的信息采集、分析、反馈、评估等系统，有利于实现公共服务的全程监管和优化改进。③提升农村地区的社会治理水平和能力。数字经济可以为农村地区提供更有效的社会治理工具和方法，帮助农村地区解决传统的社会治理能力不强和治理方式落后的问题。通过数字技术的应用，农村地区可以提高社会治理的效率，从而增强农民的法治意识和社会责任感。例如，利用移动互联网、社交媒体、智能终端等技术构建农村社会治理的信息平台、服务平台、协作平台，可以强化农村社会治理在信息共享、民意沟通、问题解决、风险防控等方面的效能。

二、农村地区共同富裕对数字经济的促进作用

农村地区共同富裕是数字经济发展的基础条件和重要动力，也是其发展的重要目标和成果。农村地区共同富裕的推进，不仅为数字经济提供了庞大的市场需求和足够的消费能力，也激发了数字经济的创新创业潜力和动力，同时促进了数字经济的绿色发展和社会责任，从而形成农村地区共同富裕与数字经济发展的良性循环，并推动乡村振兴战略的实施。

第一，农村地区共同富裕为数字经济的发展提供了广阔的市场空间和消费基础。随着农村地区经济水平和生活质量的提升，农民对于数字技术和服务的需求逐渐增长，这为数字经济的发展提供了强劲的市场动力和持续的内生需求。特别是在农业数字化和电子商务方面，农村地区共同富裕为数字经济开辟了新的市场领域。农民收入和福利的提高，进一步激发了其对产品和服务多样化的需求，从而推动了农村地区与国内外市场的有效对接。据《中国数字乡村发展报告（2022 年）》数据显示，2021 年，我国农产品网络销售额占农产品销售总额的 14.8%；2022 年，我国农村网络零售额为 2.17 万亿元，同比增长

3.6%。这表明，农村电商已成为农民增收的重要渠道，也为数字经济提供了巨大的市场潜力。

第二，农村地区共同富裕为数字经济的创新创业活动提供了肥沃的土壤。农村地区共同富裕不仅增强了农民的创新创业意识和能力，也为农村创新创业提供了良好的社会环境和制度保障。一方面，农村地区共同富裕激发了农民对于数字技术学习和应用的积极性，培养了农民的数字素养和创新思维，为农村创新创业提供了人才支撑。农村地区的网络创业用户规模持续增长，其中有大量的用户通过数字平台开展农产品电商、农村旅游、农业科技等创新创业活动。另一方面，农村地区共同富裕改善了农村的基础设施和公共服务，为农村创新创业提供了必要的物质条件和社会支持。农村地区的宽带网络普及率持续提高，数字化公共服务覆盖率不断扩大，数字化金融服务覆盖率稳步提升，为数字经济创新创业活动提供了便利和保障。

第三，农村地区共同富裕促进了数字经济的绿色发展和社会责任。农村地区共同富裕的推进催生了农村地区对数字经济创新与服务的新需求，从而增强了数字经济创新主体的社会责任感和绿色发展意识。随着农民经济状况的改善和消费能力的提升，他们对环境友好型和社会责任型的数字产品需求增加，促使数字经济企业在绿色技术和可持续服务方面不断进行创新。此外，农村地区共同富裕还激励了数字经济在推动社会公平方面的努力，如通过提供在线教育资源和数字化医疗服务，打破了农村居民的地域限制，实现了更广泛的资源获取，促进了城乡均衡发展。这一过程不仅展示了共同富裕对推动数字经济绿色转型和社会责任实践的促进作用，也反映了农村地区在数字化进程中的积极变化。截至 2023 年 6 月，我国农村地区互联网普及率为 60.5%，农村网民规模达 3.01 亿人；网络教育用户规模达 6787 万人，占网民总数的 22.5%；农村地区网络医疗用户规模达 6875 万人，占网民总数的 22.8%。一系列数据说明，数字经济在提升农村居民的教育和医疗水平方面发挥了重要作用。

第四，农村地区共同富裕推动了数字经济的多元化和差异化发展。农村地区的共同富裕不仅体现在农民的收入水平上，还体现在农民的生活方式和文化需求上。随着生活水平和文化素养的提高，农民群体对于数字经济的需求也更加多元化和差异化，促使数字经济企业在产品和服务的创新上更加注重个性化，这为数字经济的发展提供了更加广阔的空间和更加丰富的内容。例如，利用数字技术，农村一些地区开展了非遗传承、乡村文化保护、农民艺术创作等活动,展示了农村地区的文化多样性和特色魅力。利用数字平台,农村一些地区推广农民自媒体、农民直播、农民短视频等形式,展现了农村地区多姿多彩的生活和无限的创意。

三、数字经济对共同富裕实践路径

随着数字技术的飞速发展,数字经济已成为推动经济增长、改善民生、促进社会进步的重要力量。在推动共同富裕的过程中,数字经济凭借其独特的优势,为实践路径提供了全新的视角和工具。

(一)创新驱动

在数字经济时代,创新驱动是实现共同富裕的关键。通过加强科技创新和模式创新,推动产业转型升级,提高生产效率,为经济发展注入新动力。同时,创新还能带动就业增长,提高居民收入水平,为实现共同富裕提供有力支撑。

(二)共享平台

数字经济时代,共享平台成为推动资源高效配置、促进共同富裕的重要载体。通过建设共享平台,实现信息、技术、人才等资源的共享,降低创业门槛,激发市场活力。同时,共享平台还能促进城乡、区域之间的均衡发展,缩小贫富差距,推动共同富裕的实现。

(三)区域协同发展

数字经济有助于打破地域限制,推动区域协同发展。通过建设跨区域的数字经济合作项目,实现资源共享、优势互补,推动产业协同发展。同时,加强区域间的合作与交流,促进人才、技术、资本等要素的流动,推动区域经济一体化发展,为实现共同富裕创造有利条件。

(四)数字乡村建设

数字乡村建设是实现乡村振兴、促进共同富裕的重要举措。通过推广数字经济技术在农村地区的应用,改善农业生产条件,提高农业产值。同时,建设数字乡村服务平台,为农民提供便捷的信息服务、金融服务、教育服务等,提高农民的生活质量和幸福感。

(五)数字素养提升

提升全民数字素养是实现数字经济和共同富裕相互促进的重要保障。加强数字教育和培训,提高居民的数字技能和素养,使他们能够更好地适应数字经济的发展需求。同时，培养居民的数字思维和创新能力，激发他们的创新热情和创造潜能，为数字经济的发展注入活力。

（六）社会服务普惠

数字经济有助于推动社会服务普惠化、均等化。通过建设数字化公共服务平台，实现基本公共服务向农村地区和弱势群体的覆盖和延伸。同时，利用数字技术优化服务流程、提高服务效率和质量，让居民享受到更加便捷、高效、优质的公共服务。

（七）优化经济格局

数字经济有助于优化经济格局，推动产业转型升级和经济结构调整。通过发展数字经济新兴产业和业态，培育新的经济增长点。同时，推动传统产业数字化转型和智能化升级，提高产业的附加值和竞争力。这些举措有助于促进经济的均衡发展和高质量发展，为实现共同富裕奠定坚实基础。

（八）促进成果共享

在数字经济的推动下，促进发展成果惠及全体人民是实现共同富裕的根本目标。通过完善收入分配制度和社会保障体系，保障低收入群体的基本生活需求。同时，加强税收调节和财富分配监管，防止贫富差距过大。此外，要注重保护知识产权和劳动者权益，激发创新活力和社会创造力，为实现共同富裕提供有力保障。

（九）为农村地区建构数字服务体系

随着信息技术的快速发展，数字化已经成为推动农村地区经济社会发展的重要动力。构建完善的农村数字服务体系，对于促进数字经济、提升乡村治理水平、改善农村民生具有重要意义。本章将从信息基础设施、智慧农业平台、乡村治理系统、民生服务平台、电商与物流、文化旅游推广、生态环境监测等方面，探讨为农村地区建构数字服务体系的路径。

（1）信息基础设施。信息基础设施是农村数字服务体系的基石。要加大对农村地区通信基础设施的投入，提升网络覆盖率和网络速度，确保农村地区能够享受到稳定、高效的互联网服务。同时，要加强农村地区的信息化建设，推动信息技术的应用和普及，提高农村居民的信息素养。

（2）智慧农业平台。智慧农业平台是农村数字服务体系的重要组成部分。通过建设智慧农业平台，可以实现农业生产的数字化、智能化管理，提高农业生产的效率和质量。该平台可以整合农业生产资源，提供气象监测、土壤检测、病虫害防治等服务，帮助农民科学种植、合理施肥、精准用药，减少浪费和污染，实现农业的可持续发展。

（3）乡村治理系统。乡村治理系统是农村数字服务体系的重要保障。通过建设乡村治理系统，可以实现对农村地区的全方位、全过程管理，提高乡村治理的效率和水平。该系统可以整合政府、社会组织、村民等多方资源，提供政策宣传、村务公开、社情民意收集等服务，促进政府与村民之间的有效沟通，增强村民的参与感和获得感。

（4）民生服务平台。民生服务平台是农村数字服务体系的重要支撑。通过建设民生服务平台，可以为农村居民提供便捷、高效的公共服务，满足他们的基本生活需求。该平台可以整合医疗、教育、社保、就业等领域的资源，提供在线咨询、在线办理、在线支付等功能，让农村居民享受到更加优质的公共服务。

（5）电商与物流。电商与物流是农村数字服务体系的重要支撑点。通过建设电商平台和物流体系，可以将农村地区的农产品销往全国乃至全球各地，增加农民收入。同时，电商平台还可以为农民提供化肥、农药等农资的购买服务，降低生产成本。物流体系的建设能够确保农产品的及时送达和售后服务的质量。

（6）文化旅游推广。文化旅游推广是农村数字服务体系的重要补充。通过建设文化旅游推广平台，可以挖掘和展示农村地区的自然风光、民俗文化、特色美食等旅游资源，吸引游客前来观光旅游，带动当地经济的发展。同时，该平台还可以为游客提供旅游路线规划、酒店预订、门票购买等服务，提升游客的旅游体验。

（7）生态环境监测。生态环境监测是农村数字服务体系的重要支撑。通过建设生态环境监测平台，可以实时监测农村地区的空气质量、水质、土壤状况等环境数据，及时发现和解决环境问题。该平台还可以为政府提供决策支持，推动农村生态环境的改善和保护。同时，农民可以通过该平台了解自家的环境状况，采取相应的环保措施，促进农业生产的可持续发展。

第三节　数字经济推动农村地区共同富裕政策建议

一、加强数字经济的顶层设计和政策支持

数字经济是数字时代推进中国式现代化的重要引擎，也是构筑国家竞争

新优势的有力支撑。必须加强数字经济的顶层设计和政策支持，为数字经济发展提供有力的制度保障和环境条件，主要措施包括：完善数字经济法规和监管规则，保障数字经济安全发展，维护合法权益，建立数字经济信用体系；增加数字基础设施财政投入，支持数字技术研发和创新，实施数字经济税收优惠政策；建立数字经济评价体系和统计标准，提高统计数据准确性和可比性，及时发布统计和研究报告。

二、推动数字经济与农村产业的深度融合

数字经济是实施乡村振兴战略的重要支撑，也是提升农业效率和农民收入的有效途径。必须推动数字经济与农村产业的深度融合，为数字经济和乡村振兴提供有力的技术支持和服务创新，主要措施包括：发展智慧农业和农业电商，利用数字技术提高农业生产效率和品质，实现农业精准化、高效化、绿色化；培育农村数字产业和新型主体，发展数字文化、教育、旅游、金融等产业，培育新型经营和服务主体，拓展农村经济发展空间和渠道；促进农村创业创新和人才培养，利用数字技术激发农民的创造力和创新力，增加农民的就业机会和收入来源，提高农民的数字素养和技能水平。

三、提升数字经济在农村公共服务中的应用水平

数字经济是优化农村公共服务供给的重要手段，也是满足农民多样化需求的有效渠道。必须提升数字经济在农村公共服务中的应用水平，为农村教育、医疗、文化、社保等领域提供有力的信息化支持和智能化改造，主要措施包括：加快农村数字基础设施建设，扩大数字覆盖面，提高网络速度和质量，缩小城乡"数字鸿沟"，推进智能化建设；优化农村政务服务和社会治理，提高工作效率和透明度，构建乡村治理新体系；拓展农村教育、医疗、养老等服务，改善农民群众的生活质量，促进社会公平正义。

四、强化数字经济在农村生态文明建设中的引领作用

数字经济是保护农村生态环境的重要工具，也是实现农村绿色发展的有效路径。必须强化数字经济在农村生态文明建设中的引领作用，为农村资源节约、污染防治、生态修复等领域提供有力的数据支持，主要措施包括：利用数字技术保护农村生态环境和资源，实现动态监测、精准评估、科学管理，加快

建设农村生态环境遥感监测和综合监管平台，推进农业农村遥感卫星等基础设施应用，建设农业农村大数据中心，推动农村生态环境基础数据整合共享；发展绿色数字产业和循环经济，促进农村产业结构升级，大力推动新一代信息技术与绿色产业融合，培育发展智慧农业、智慧水利、智慧交通、智慧物流等绿色数字产业，推进农村废弃物资源化利用，建立健全农村循环经济体系，发展生物质能源、有机肥料等循环产业；充分利用农村生态资源和文化资源，推动农村生态旅游和文化传承，提升农民文化自信，加快建设特色乡村文化数字资源库，发展"互联网+"生态旅游，提供优质旅游资源和服务，打造一批乡村旅游精品线路和品牌，实现乡村旅游业高质量发展。

第四节　小结

数字经济以数字化技术和信息为关键生产要素，其快速发展极大地丰富了农村经济的内涵。农村地区通过发展电子商务、智慧农业等新兴业态，拓宽了农产品销售渠道，提高了农产品附加值。数字经济的发展为农村创造了丰富的就业机会，吸引了更多人才返乡创业，促进了农村地区的产业转型升级。同时，数字化技术的应用还提升了农业生产的智能化、精细化水平，进一步提高了农业的生产效率和经济效益。

第八章 数字经济在绿色金融中的应用

随着信息技术的快速发展和数字化转型的深入推进，数字经济正逐渐成为推动全球经济发展的重要引擎。金融业是比农业更加古老的行业，每一次技术进步都推动金融业随之发生变化。数字经济将给绿色金融业带来的最大变革，将推动科技在绿色金融中的应用和绿色金融的普惠化。尽管数字经济时代，绿色金融的本质不会发生改变，但智能技术能够帮助降低绿色金融交易的成本，扩大交易范围，帮助绿色金融业的普惠化。

第一节 绿色金融与好的社会

绿色金融的本质没变，依旧是交易各方的跨期价值交换，是信用的交换。耶鲁大学金融经济学终身教授陈志武认为，互联网的出现改变了绿色金融交易的范围、人数、金额和环境，但没有改变绿色金融交易的本质。人们的日常生活中充满了各种不确定性，各种风险事件。因此，对于绿色金融服务的需求，可以说是每个人都需要的基本需求，但是，在传统金融下面，由于技术的约束，针对大多数人的金融产品成本过高，绿色金融机构无法实现盈利。因此，整个社会中只有少部分人能够享受到绿色金融服务。随着数字经济的发展，这一状况正在发生改变。

普华永道中国金融科技服务合伙人张俊贤说："中国的绿色金融科技，尤其在大数据、人工智能和区块链实际应用上，量与质均领先全球。我们相信在政府鼓励创新的大环境中，以及绿色金融机构和绿色金融科技公司合作推动下，绿色金融科技将继续快速发展，普罗大众将能获得更便捷的绿色金融服务。"

普华永道发布的《2017年全球绿色金融科技调查中国概要》认为，零售银行、投资及财富管理和资金转移支付将是未来五年被金融科技颠覆程度最高的领域，电商平台、大型科技公司和传统绿色金融机构是这场变革中最具颠覆性的力量。

1997年，诺贝尔经济学奖得主、哈佛大学荣誉退休教授罗伯特·默顿说："仅仅依靠技术本身很难对金融体系中'内在不透明'的服务和产品带来颠覆，绿色金融科技能在某些绿色金融服务领域带来巨大变革，几乎无须人工判断的任何绿色金融业务都将面临巨大的变革挑战。但绿色金融科技本身不能产生信任。"需要信任关系的是人和人之间，是绿色金融企业和它们的客户之间。

数字经济的发展，将使得绿色金融变得更加普惠，服务于那些处于原有绿色金融体系之外的群体，推动一个更加美好的社会的到来。

第二节　数字经济催生新绿色金融

新绿色金融与传统金融相比是一种新的绿色金融服务体系——它以技术和数据为驱动力，以信用体系为基石，降低绿色金融服务成本，提升绿色金融服务效率，使所有社会阶层和群体平等地享有绿色金融服务，并且它与日常生活和生产紧密结合，促进所有消费者在改善生活、所有企业在未来发展中分享平等的机会。这一定位包含四层意义：

（1）新绿色金融以技术为生产力，以数据作为生产资料。两者结合对新绿色金融产生的核心作用在于降低绿色金融服务成本，提升绿色金融服务效率。一方面，缓解传统绿色金融在触达获客、系统运营、风险甄别、风险化解等环节中的成本问题，极大地降低单客边际成本；另一方面，以高效的算力和智能的算法，结合广谱多维的数据，帮助绿色金融服务中实现决策，极大地缩短从前人工方式需要数天甚至数月的服务周期，甚至达到实时水平，同时避免人为判断失误等原因，达到更精准科学的决策。而绿色金融服务成本降低和效率提升，将最终体现为两方面：一是拓展绿色金融服务的边界，服务于更多人，服务于更多生活和生产场景；二是提升绿色金融服务的体验，让消费者享受安全、便捷、丰富的绿色金融服务。

（2）信用体系不只是新绿色金融的基础，也是整个新商业文明的基石。信用体系的作用在于消除信息不对称，建立互信关系，它不只是绿色金融服务的基础，更是整个商业文明的基石。但传统信用体系存在数据来源单一、更新频率低、用户覆盖不足等问题，新绿色金融基于广谱多维、实时鲜活的数据来源，通过高效的算力和智能的算法，建立健全大数据征信，极大地补充了传统信用体系，并且不只用于信贷、保险等传统绿色金融领域，更将其拓展至出行、住宿、教育、就业等更多与日常生活息息相关的领域，成为整个商业文明的基石，推动诚信社会的建立。

（3）新绿色金融通过提供平等的金融服务促进包容性经济增长。新绿色金融首先为所有社会阶层和群体提供平等的金融服务，尤其是普通消费者和小微企业，保障社会所有群体共享普惠绿色金融的红利。更进一步地，新绿色金融作为新商业文明的重要一环，进一步发挥绿色金融在资源优化、匹配新供需关系上的作用，让所有社会阶层和群体在公平的环境中共享未来发展机会。

（4）新绿色金融服务于实体经济，与日常生活和生产紧密结合。真正将绿色金融与生活和生产融为一体——对普通消费者而言，绿色金融不再是冷冰冰的金融产品，而是支付宝、余额宝、花呗、借呗、退货运费险、芝麻信用分等生活方式的改变；对企业，尤其是小微企业而言，支付服务解决零售服务"最后一公里"触达问题、基于大数据的企业征信和小微贷款解决"融资难"问题，低门槛、低成本的绿色金融服务成为"大众创业、万众创新"的保障。总之，新绿色金融融入日常生活和生产，与新零售和新制造等新商业文明有机结合，能更好地服务于实体经济。

第三节　金融科技（FinTech）

一、金融科技

按照美国金融稳定理事会 FSB 的界定，金融科技指技术带来的金融创新，它能够创造新的业务模式、应用、流程与产品，或者是对金融市场、金融机构或金融服务的提供方式产生重大的影响。

再看一看沃顿商学院金融科技俱乐部给出的定义：一个用技术使金融体系更有效率的行业。如大数据、区块链、人工智能，使得我们的金融服务和金融行业效率提高，成本降低，拓展了整个绿色金融服务的广度和深度。

金融科技的范围囊括了支付清算、电子货币、网络借贷、大数据、区块链、云计算、人工智能、智能投顾、智能合同等领域，正在对银行、保险和证券领域的核心业务产生巨大影响。

京东金融首席执行官陈生强在康奈尔大学的演讲中，对金融科技进行了一次阐释。陈生强认为，金融科技公司并非市场所认为的只是创业公司，实际上，凡是以数据和技术为核心驱动力，能为绿色金融行业提供服务、提高效率、降低成本的公司，都可以称为绿色金融科技公司，包括以高盛（Goldman Sachs）、富达（Fidelity Investment Group）为代表的全球顶尖金融机构和投资机构，实际上也已经转型为以数据科技为核心驱动力的公司。可见，绿色金融科技有两大核心：数据和技术。借助这两者的驱动，智能性、便捷性、低成本成为绿色金融科技变革传统金融的切入点，并为绿色金融行业在未来的发展中带来更多机遇。

二、中国绿色金融科技的发展

摩根大通此前预估，中国的金融科技公司在 2020 年前能够创造 650 亿美元的销售额，而阿里和腾讯至少占据一半的市场。摩根大通的互联网及新媒体股权研究亚太区主管 Alex Yao 表示，这 650 亿美元的增长额还是在网络普及率只有 10% 的前提下做出的预估。

在 FinTech 领域，支付业几乎占据了一半的市场，阿里巴巴和腾讯早已在该领域抢占地盘，分别占据了 55% 和 33% 的市场份额，"线上支付是 FinTech 最重要的基础设施"，Yao 说道，因为其牢固的垄断地位能帮助两家公司进入其他互联网绿色金融领域，如消费绿色金融和理财。

三、BM Watson 如何改变保险业

日本富国生命保险（Fukoku Mutual Life Insurance）宣布从 2017 年 1 月开始使用"IBM Watson Explorer"，代替 34 位保险索赔业务员的职位。

"人工智能将扫描被保险人的医疗记录与其他信息来决定保险赔付的金额"，富国生命在一份新闻稿中写到，"受伤定性、患者病史和治疗形式都将纳入理赔金额的考量。人工智能系统将自动搜索数据，完成数据计算任务，帮助该公司剩余的员工更快地处理理赔事宜"。

根据日本《每日新闻》的报道，在此项目中，富国生命将斥资 170 万美元（约合 2 亿日元）引入 IBM 公司的人工智能系统，以后每年的维护费用约为 12.8 万美元。通过使用人工智能系统，该公司将在未来每年节约 110 万美元的开支，这意味着此项投资两年后即可收回成本。"Watson AI 的效率预计会比人

类员工高 30%。"富国生命保险的发言人表示，"本公司已经受益于 IBM 的新技术，类似的人工智能系统正被用于处理客户投诉电话等任务。如使用软件识别客户语音，将语音转换为文字，而后分析这些话的内容"。

美国一些公司也在使用情绪分析软件为顾客提供服务。这类软件的一大优势是可以获知顾客的情绪，当顾客对自助服务系统不满意时，系统将自动转接到人工服务。

《每日新闻》报告称，另有三家日本保险公司正在测试或引入人工智能系统，它们希望通过智能系统自动完成一些技术性工作，如为顾客提供合理的绿色金融计划。以色列一家保险初创公司 Lemonade 已经募集了 6000 万美元，其首席执行官 Daniel Schreiber 称他们的未来目标是"用机器人和机器学习替代经纪人与文书工作"。

像 IBM Watson 这样的人工智能系统正自信满满地准备倾覆众多知识技术职位，如保险和绿色金融服务。对此，《哈佛商业评论》（*Harvard Business Review*）在一篇报道中认为，这是因为许多工作能"由可以编纂成标准步骤的工作流程和基于标准格式的数据进行决策组成"。引入人工智能意味着提高现有员工的生产力，还是机器完全替换人类工作岗位？一切还有待观察。

"几乎所有的工作都面临计算机在短期内无法处理的关键问题，"《哈佛商业评论》写到，"我们不得不承认越来越多的知识型工作正在屈服于人工智能的崛起。"

第四节　数字经济改变绿色金融业

新绿色金融出现的背后有两方面原因：一是数字经济时代下数字技术大发展为新绿色金融提供驱动力；二是新经济需要以普惠为核心的新绿色金融有力支撑。

一、数字经济时代下数字技术大发展为新绿色金融提供驱动力

降低成本、提高效率技术驱动是新绿色金融发展的驱动力，也是新绿色金融最鲜明的特色，通过数字技术发展，能有效解决绿色金融服务的触达、认证、风控、运营、审计等环节的难题。数字技术的核心作用在于降低成本和提高效率两点，最终目的：一是拓展绿色金融服务边界，让绿色金融能服务更多人、更多商业场景；二是提升绿色金融服务体验，让所有人能平等地享受便

捷、安全、可信的绿色金融服务。

具体来说，移动互联技术有效缓解过去绿色金融获客成本高、用户体验不便的问题，让绿色金融以低成本的方式便捷、有效地触达社会各个群体。大数据极大地消弭绿色金融服务最核心问题——信息不对称性，有效甄别风险，保障消费者权益不受侵害，同时让绿色金融服务风险损失可控、可持续发展。生物识别通过交叉使用人脸、眼纹、虹膜、指纹、掌纹等多个生物特征，已可实现比人眼更精准的远程识别，解决"如何证明你是你"的难题，尤其是为边远地区传统绿色金融服务难以触达的地方提供便捷的绿色金融触达。人工智能技术提升大数据处理效率，并能够通过深度学习的方式不断迭代升级，模拟人类思考方式，用技术拓展绿色金融服务的边界。云计算通过低成本、高扩展性的运算集群极大地降低绿色金融服务运营和创新成本，并提升其服务效能。区块链技术让资金和信息流动可审计可追溯，保障绿色金融服务透明可信。相信未来还有更多的数字技术被用于新绿色金融服务，为其发展拓展更多想象空间。

二、新经济需要以普惠为核心的新绿色金融有力支撑

过去五年，中国人口红利所带来的传统动能正在逐步减弱，取而代之的是不断发展以创新驱动的新动能，生产要素通过供给侧改革正在逐步实现结构性优化，生产小型化、智能化、专业化将成为产业组织新特征。这其中，生产更灵活、更富有创新活力的小微企业作用日渐凸显。另外，从需求侧角度看，传统由投资和出口拉动的"三驾马车"正转变为消费驱动。一方面，消费需求规模正在快速增长；另一方面，消费方式正在升级，模仿型、排浪式消费阶段基本结束，个性化、多样化消费渐成主流。

英国经济学家、诺贝尔奖获得者约翰·希克斯曾以"工业革命不得不等待绿色金融革命"指出，经济与绿色金融是相伴而生的发展关系。如何匹配供给侧改革，为小型化、智能化、专业化的生产提供绿色金融动力？如何促进需求侧优化，为不断增长的个性化、多样化、便捷化的消费提供绿色金融支持？——其核心问题在于有效解决"普惠"难题，即改变过去绿色金融服务围绕大企业和高净值客户的"二八绿色金融"定律，而为千万家小微企业和10多亿普通消费者提供平等的绿色金融服务。

从供给侧角度看，小微企业无法获得服务的主要原因在于单体服务成本高、风险甄别难度高两方面，而这正是新绿色金融的优势所在：一方面，通过

移动互联、大数据、云计算、人工智能等技术不断降低获客和运营所带来的可变成本，单个小微企业的服务边际成本已趋于极低，为包括小微企业在内的所有企业提供平等的绿色金融服务已成为可能；另一方面，技术和数据驱动不断完善的社会信用体系已成为新绿色金融的基石，企业信用数据覆盖面的提升也降低了甄别风险的难度，让更多的小微企业纳入绿色金融服务范畴。

案例 1：网商银行的小微贷款

网商银行的小微贷款基于大数据和云计算技术，为小微企业提供"310"贷款服务（三分钟申请、一秒钟到账、零人工干预），已经为超过 400 万家的小微企业提供超过 7000 亿元的贷款，户均贷款余额不到 3 万元，为全社会"双创"发展提供绿色金融支持。

从需求侧角度看，传统绿色金融服务具有一定门槛，使得普通消费者难以获得足够的绿色金融服务；同时，绿色金融产品化在公众心目中是冷冰冰、难以理解的形象，普通消费者接受程度较低，在日常生活中难以享受绿色金融服务的红利。新绿色金融与传统绿色金融相比，在这两方面有极大改善：一是通过技术驱动降低绿色金融服务门槛；二是通过与日常生活场景紧密结合，为客户在生活中提供便捷、丰富、实用的绿色金融服务。

案例 2：芝麻信用

芝麻信用为上亿信用记录缺失而被绿色金融服务拒之门外的用户提供大数据征信服务，并提供不断丰富的征信应用场景，如租车和租房免押金、办理出国签证、申办信用卡等；"余额宝"将理财门槛降至 1 元起，普通大众通过互联网理财享受一定收益的同时可方便地用于日常消费；场景保险中的典型代表"退货运费险"，解决消费者和小商户间的互信问题，减少因交易摩擦而产生的成本，其中，大数据技术有效解决了保险中的"逆选择"难题；支付宝为消费者提供快捷、安全的支付体验，即使在偏远农村地区，也可通过互联网或移动互联网方便地购买和城市居民一样品质的货物。

案例 3：保险公司产品精算

借助京东整体的数据以及在此基础上的用户画像，保险公司能够为已有的寿险、健康险、车险甚至意外险等产品的设计和精算提供数据参考，设计出更符合某些特定人群的定制化产品。此外，通过京东数据，保险公司将更好地实现对用户的全生命周期管理。

通过京东平台数据发现，某用户突然在一段时间内在京东商城频繁购买纸尿裤、奶粉等母婴用品，那么就可以推测该用户家庭中可能有了小孩。在这种情况下，保险机构通过互联网的方式以近乎于零的成本向该用户推介一些符合需求的婴幼儿保障产品，并且根据该用户过往的商品消费档次，推测该家庭的收入水平，提供更加精准的产品推介。

案例4：京东保险云

京东保险云是基于京东绿色金融整体科技能力与生态资源的整合，专注于为保险企业提供将底层技术应用于现有保险业务的整体打包解决方案。在这套技术服务平台，能够为保险机构的产品精算提供数据分析支持；能够将京东现有的保险风控模型基层系统开放出来，针对保险企业在各场景中的业务快速完成风控模型的部署；能够通过京东云辅助理赔系统，快速实现保险理赔流程的对接；能够建立集成财险、寿险、车险等多类产品的营销模型。

据外媒报道，苏格兰皇家银行正准备削减近2000个检查新客户可疑特征的工作岗位，该银行首席执行官Ewen Stevenson此前表示，这些流程最终可以实现自动化，只需留下少数一些人处理问题。此外，瑞银正在借助技术以降低合规部门的员工人数。

法国巴黎银行此前由于客户越来越偏向于使用在线服务而不得不一轮又一轮关闭线下网点，同时宣布裁员。官方公告显示，新一轮的关闭网点数量会达到200个，使该行在2020年以前每年减少2%~4%的银行职员。中国银行业亦有如此趋势。截至2023年底，几大国有商业银行柜员人数骤减。银行的智能化、自助交易和线上交易的大幅增加是主要原因。如图8-1所示。

序号	证券代码	证券简称	贷款总额 [报告期]20231231 [报表类型]合并报表 [单位]亿元	存款总额 [报告期]20231231 [报表类型]合并报表 [单位]亿元	净息差 [报告期]20231231 [报表类型]合并报表 [单位]%
1	601398.SH	工商银行	260864.82	329856.81	1.61
2	601288.SH	农业银行	225642.69	284392.95	1.60
3	601939.SH	建设银行	238109.82	272233.04	1.70
4	601988.SH	中国银行	199079.87	226028.35	1.59
5	601658.SH	邮储银行	81488.93	139559.63	2.01
6	601328.SH	交通银行	79570.85	84033.87	1.28

图8-1　六大国有银行2023年财报数据

资料来源：Wind。

2023 年，工商银行、农业银行、建设银行、中国银行、邮储银行、交通银行的贷款总额分别为 26.09 万亿元、22.56 万亿元、23.81 万亿元、19.91 万亿元、8.15 万亿元和 7.96 万亿元，分别同比增长 12.38%、14.41%、12.58%、13.71%、13.02% 和 9.06%。六大国有银行贷款总额合计 108.48 万亿，同比增长 12.88%。

据各银行财报，2023 年，国有六大银行科技人员数量增加，从其财报披露的员工数据看，工商银行共有 415719 名员工，上年同期员工数量为 425000 人，同比下降 9281 人，但科技员工增加了 36000 人；建设银行科技员工人数增加 16331 人，中国银行增加 14541 人，农业银行增加 13150 人；交通银行增加 7814 人；邮储银行增加 7055 人。如表 8-1 所示。

表 8-1　2023 年国有六大行科技人员数量及占比

代码	简称	2023 年科技人员数量（人）	科技人员占比（%）	人员同比增长（%）
601398.SH	工商银行	36000	8.60	0.00
601939.SH	建设银行	16331	4.33	3.29
601988.SH	中国银行	14541	4.74	9.18
601288.SH	农业银行	13150	2.90	31.22
601328.SH	交通银行	7814	8.29	33.30
601658.SH	邮储银行	7055	3.58	10.74

注：各家银行披露的数据口径可能会有所差异。
资料来源：各银行财报。

第五节　新绿色金融：服务实体经济

新绿色金融的价值意义在于它能促进社会向更好的方向发展，包括一个更公平的社会、一个更高效的社会、一个更诚信的社会、一个可持续发展的社会。同时，新绿色金融及其价值在全球都可复制。

一、更公平

绿色金融民主化为所有个体提供未来发展机会上的公平性（普惠），借助数据和技术，新绿色金融致力于消除由于绿色金融服务成本、风险和效率问题带来的不平等，让每个用户都享有平等的权利自由获取所需要的绿色金融服务，进而促进整个社会在获取生活改善与未来发展机会上的公平性。

数字普惠绿色金融作为可持续与包容性增长的有效实践，其作用在 G20 杭州峰会期间被世界各国所认可，并通过《数字普惠绿色金融高级原则》向全球推广，大力推动整个绿色金融体制改革。

二、更高效

提高资源配置效率、优化供给和需求两侧匹配关系是经济学的核心问题，新绿色金融依托技术和数据，在服务上不断创新，既满足小型化、智能化、专业化的生产供给，也满足个性化、多样化、便捷化的日常消费。

新绿色金融对消费型数字经济的促进效果。以网络支付为例，作为电子商务发展的底盘，激发消费潜力，在世界范围内换道超车，取得领先地位。其他绿色金融服务包括消费金融、大数据征信、消费场景保险等结合生活场景，提升消费便利性和安全性，进一步刺激消费的有益创新。

三、更诚信

推动诚信社会的建设（信用社会）信用体系不只是绿色金融服务的基础设施，也是整个社会经济发展的基础设施。"车无辕而不行，人无信而不立。"信用本质是甄别风险，解决各个场景中的信息不对称问题，在不同场景下具有灵活多变的特性，如在绿色金融领域，可成为风控手段，应用于反欺诈和信用卡、信贷审核等，提高准确率和覆盖率；而在生活领域，可解决商户与人、人与人之间的信任问题，在出行、住宿、签证、招聘等一系列生活场景中提高双方便捷性和可靠性。

但传统征信体系并不能覆盖全社会企业和个人。根据 BCG 报告，美国个人征信覆盖率为 92%，中国这一数字仅为 35%。央行主导的中心化征信体系负担过重，需要更多市场化的力量加入，共同促进个人征信产业的发展。

在用户授权前提下，大数据征信依据用户各维度数据，运用云计算及机器学习等技术，为个人或企业提供信用肖像的刻画，成为传统征信体系的有机补充。与传统征信体系相比，具有数据源广谱多维和实时鲜活的特点。

同时，个人良好信用积累所带来的更便捷的生活方式，将对消费者和企业有良好的示范作用，助力推动诚信社会的建设。

四、可持续发展

推动绿色金融发展，以可持续发展的方式建设节能低碳社会绿色金融。

中国人民银行在绿色金融改革与发展"十三五"规划中强调绿色金融体系建设，通过绿色金融服务促进社会经济可持续发展。新绿色金融通过数字技术触达用户，天然具有低碳环保的基因。蚂蚁金服所有绿色金融服务都在线上完成，没有线下网点，包括水、电和煤气等便民缴费让广大百姓减少了许多奔波，初步测算一年至少减少 80000 吨碳排放。取代纸质票据的电子票据，经测算一年可至少减少 720000 棵树的砍伐量。

另外，新绿色金融基于生活场景，调动普通民众参与低碳消费生活的积极性，推动绿色消费意识的普及。蚂蚁金服计划为每个用户建立一个碳账户，用于度量其消费、出行、生活等领域的碳减排。鼓励用户步行、自行车出行、乘坐公共交通工具等低碳生活方式，同时希望一些公共交通、环保交通企业能加入自愿碳减排交易（Voluntary Emission Reduction，VER）或者中国核证减排量（Chinese Certified Emission Reduction，CCER）减排机制中，将碳资产在减排企业与使用用户之间进行合理比例分配，鼓励全民主动选择低碳生活方式。同时，支付宝可以通过秀碳积分、点赞、贴低碳标签等方式，推动低碳、绿色兴趣社交和社群建立，促进各种新生活网络社区形成，积极推广普及低碳意识和绿色生活方式。

五、可复制

新绿色金融的发展模式及社会价值可推广至全球，为世界所共享（全球化）新绿色金融实践不仅在中国获得成功。在世界范围内，尤其是发展中国家，也被证实是可行可复制的。"新绿色金融"模式被证实不只"成于中国"，更可"享于世界"。

第六节　新绿色金融：普惠绿色金融

一、为什么数字技术可以改变普惠绿色金融

绿色金融大概有四方面的成本：第一，获取用户的成本；第二，风险甄别的成本；第三，经营成本；第四，资金成本。前三个方面都正在被技术深刻地改变，移动互联深刻地改变了人们触达绿色金融的方式，大大降低了绿色金融机构获取用户的成本；风险甄别的基础是信息，而大数据的技术深刻地改变了收集数据、处理数据、甄别风险的效率，人工智能进一步提高了处理大数据的能力，云计算大大地提高了大数据和人工智能的效率；云计算的成本和传统IT的成本之比是 1∶10，成本降低了 90%。技术的飞速发展，使得绿色金融的基础设施也飞快地发生了变化，这必然会使绿色金融的模式深刻地改变，降低成本、提高效率，进而改变绿色金融的商业精神。这并不只是理论上探讨的东西，而是正在发生的未来。人们的消费方式正在发生变化，2023 年，"双 11"全网销售金额达到了惊人的 4934 亿元，这个数字包括了各大电商平台，如阿里巴巴、京东、拼多多等的销售额。各平台提高支付效率，确保顺畅的购物体验和良好的用户满意度。其中，多样化的支付方式，除传统的银行卡支付、支付宝、微信支付等，也出现了更多新兴支付方式，如数字人民币、虚拟信用卡等。这些新兴支付方式旨在提供更加便捷、安全的购物体验。随着智能支付技术的应用，以及人工智能、大数据等技术的发展，智能支付技术在"双 11"期间得到更广泛应用。例如，通过智能识别、语音支付等技术，消费者可以更加便捷地完成支付过程。

二、技术推动普惠绿色金融可持续发展

这里提供一些数据。基于云计算技术的支付宝的单笔支付成本早在几年前就降到 2 分，以后会越来越低。"双 11"那天大概卖出 6 亿笔保险，平时超过 90% 的保险都是自动理赔的，不需要人工处理；当天支付宝收到 800 万个电话或咨询，其中 97.5% 是人工智能完成的。从上面可以看到，这些年"双 11"对技术的要求越来越高，而用的人工却越来越少，各种成本、运营的效率，都在发生很大的变化。移动支付现在已经非常普及，在用的人数以亿计，

不只是支付宝，还有微信支付和其他支付工具。而且移动支付非常便宜，什么叫便宜呢？消费者在购物时，是支付机构向商家收费。美国这个费率平均是3%，中国是0.6%。

三、案例：云南富滇银行丽江分行：聚力做优绿色金融释放绿色发展动能

（1）聚焦清洁能源发力。围绕《丽江市"十四五"低碳发展规划》及丽江绿色能源牌新优势，优先从丽江水电、风电、光伏等绿色能源行业入手，截至2023年11月末，累计向丽江万联达配售电有限责任公司分布式屋顶光伏开发项目提供信贷资金2.8亿元，为园区基础设施建设增添动力，为打造丽江"绿色能源牌"贡献富滇力量。

（2）聚力赋能普惠群体。结合丽江"一县一业""一村一品"规划布局，以高原特色果、蔬、药、茶种植及深加工为抓手，主动融入丽江市田园综合体、乡村振兴示范区、美丽县城基础设施建设。截至2023年11月末，丽江分行"云农贷"余额3.96亿元。向华坪县尚农农业科技开发投资有限责任公司发放绿色贷款300万元、华坪县华农科技有限责任公司发放绿色贷款150万元，积极探索绿色金融与普惠金融的融合实践。

（3）用心擦亮宜居名片。围绕丽江"宜居美丽古城""宜游世界文化旅游名城"规划布局和打造健康生活目的地新优势，率先向玉龙雪山、泸沽湖、玉水寨景区基础设施提质改造、环境治理等提供绿色金融服务。截至2023年11月末，累计向古城管理有限责任公司投放绿色贷款1.17亿元。向丽江古城区渗滤液处理站建设项目提供资金支持5000万元，支持华坪县乡村公路建设支持2000万元，助力地方绿色交通建设和环境治理。

（4）助力做优旅游服务。丽江分行结合丽江市全域旅游发展趋势，将数字金融服务融入旅游行业，数字化赋能金融服务，通过"收单＋旅游平台"综合技术服务系统，进一步深化与丽江核心景区的战略合作关系。为丽江玉龙雪山景区量身打造智慧售票系统，向丽江玉龙旅游公司及下属子公司提供收单结算服务，为泸沽湖景区提供一揽子综合化金融服务，满足景区个性化管理需求，打造绿色旅游新模式。

（5）打好"湖泊革命"攻坚战。以高原湖泊治理为重点领域，支持绿美河湖、健康河湖、幸福河湖建设。截至2023年11月末，累计支持丽江泸沽

湖、程海湖保护治理 12.48 亿元，认购生态环境保护与治理专项债 2.49 亿元。

（6）用好碳减排支持工具。抢抓政策机遇，积极推动碳减排支持工具落地，向丽江万联达配售电有限责任公司发放了首笔碳减排贷款，金额 1000 万元，贷款利率低于同期限档次贷款市场报价利率。经初步测算，该项目建成投产后可带动年度碳减排量约 2788.68 吨，碳减排效应显著。

富滇银行丽江分行牢牢把握主题教育总要求和根本任务，在开展主题教育调查研究过程中，坚持问题导向，把情况摸清楚，把症结分析透，使调研过程成为加深对党的创新理论理解、运用党的创新理论研究新情况和解决新问题的过程，成为理论学习向实践运用转化的过程。深入推进作风革命效能革命，力戒形式主义、官僚主义，上下协同，整体推进，积极践行"三法三化"，主动"走出去"倾听意见，"沉下去"摸清情况，"跑起来"抢抓机遇，深入基层、深入一线、深入发展困难问题多、经营工作打不开局面的分支机构，以绿色金融为突破点，切实推动调研成果转化为转变工作作风、提高履职本领、增强责任担当、推动高质量发展。截至 2023 年 11 月末，累计投放绿色信贷资金 17.32 亿元，余额 7.75 亿元，占各项贷款比重 36.73%

第七节　小结

绿色金融行业历来是先进技术应用的先行者，绿色金融发展史也是一部与技术不断融合的历史。技术的发展不仅提高了绿色金融资源配置的效率，还拓展了金融服务的范围，使交易可能性边界得到极大拓展，资源可以在全球范围内、在网络空间内实现优化配置。

当今世界正面临百年未有之大变局，变局中危机同生并存，这给实现中华民族伟大复兴带来了重大机遇。那么，如何才能最大限度地把握这次历史性机遇？历史经验证明，只有抓住这次技术革命的机会，以技术手段构建更加健全的具有高度适应性、竞争力、普惠性的现代绿色金融体系，才能更加有效地支持实体经济的发展，形成绿色金融和实体经济的良性循环，并最终实现经济结构的优化升级，推动经济高质量发展。

第九章　我国数字经济发展的现实路径

第一节　中国数字经济战略现状

一、中国数字经济所取得的成就

目前，中国是拥有全球最多网民的网络大国，是拥有最多年轻移动消费人口的国家，当前网上购物者接近 5 亿人，70% 是"80 后""90 后"，这意味着中国年轻的网上消费人口已经超过了美国的总人口。中国已经成为全球第一的电子商务大国、全球第一的移动支付大国、全球第一的物流智能大国，以及全球第一的互联网就业大国。

中国也正在成为新一轮产业革命的主导者，成为全球数字经济的大国和强国，成为全球新实体经济的大国和强国。中国的数字经济，已经实现了跨越式的发展，2017 年 3 月 4 日，中国信息化百人会课题组发布的最新报告显示，2016 年，我国数字经济规模已达到 22.4 万亿元，占 GDP 比重达到30.1%；2016 年，我国数字经济的增速高达 16.6%，分别是美国（6.8%）、日本（5.5%）和英国（5.4%）的 2.4 倍、3.0 倍、3.1 倍。

除了宏观层面，微观层面可以看到中国数字经济的大发展。特别是与工业经济时代相比，例如，在工业经济时代，出行行业有 200 万名出租车司机，而从滴滴披露出的数据来看，注册司机已经超过 1500 万名。也就是说，更大的开放体系，动员了更多的社会资源参与，造成了大规模的协作体系。如快递物流，邮政时代达到 10 亿件次已经是空前规模，今天整个电商驱动的包裹达到 300 亿件。互联网分布式计算让整个商业组织形式发生翻天覆地的变化。在金融领域，银行卡支付所形成的交易峰值就是 1.5 万笔 / 秒，而"双 11"支付宝的交易一度达到 12 万笔 / 秒，而且每年都在翻倍地刷新这个纪录。

中国数字经济的一个特征是小型企业在数字经济领域也取得了长足发展。澳洲会计师公会近日发布关于亚太地区小型企业发展的调查结果表明，中国小型企业在数字经济领域发展迅速。在此次受访的中国小型企业中，96% 的企业在商务中应用社交媒体，92% 的企业通过线上销售获取利润。

除已经取得的成就，中国数字经济发展也有很多优势。比如，在人工智能方面，创新工场创始人李开复指出，中国在发展人工智能方面具有"先天优势"，这些优势表现在三个方面：一是人才储备，高素质顶尖人才永远是一个新兴产业得以发展的基础。2015 年，全球顶尖期刊上发表的 43% 的人工智能论文作者里，都有华人的身影。另外，中国年轻人数学好，可以快速训练大批"人工智能工程师"。二是约束较少，相对来说，中国对人工智能的约束较少。比如，政策上，采取的是鼓励政策，如无人车领域。三是大量资金在寻找风口，许多企业拥有海量数据和充沛资金，一旦出现新的风口，它们就会投资，人工智能无疑是一个良机。尤其是互联网企业，为了转型升级、扩大规模，都会引入人工智能技术。

李开复提到的人才、市场环境和资金方面的优势，对于人工智能的发展是重要优势，对于整个数字经济的发展也是重要的优势和机遇。

二、全球科技格局中的中国科技

根据阿里研究院的研究，未来 5 年的全球科技格局将分为三大产业圈。一是拥有领先科技专利以及控制权的地方，主要是美国的硅谷、西雅图和以色列，它们拥有控制未来最重要的专利技术，包括虚拟现实、人工智能等；二是拥有巨大的商业模式创新能力的地方，以中国和印度为代表，也具有很强的战略跟随能力，如阿里巴巴、腾讯的技术跟谷歌、Facebook 比较接近；三是拥有强大硬件制造能力（包括芯片）的地方，以日本、韩国和中国为主的亚洲地区。

在未来的产业格局里，软硬一体化，硬件的智能化、软件的泛化以及数据无处不在，这是未来的趋势。物流行业，具备应用物联网的典型场景，包括增强现实、人工智能等技术。

新一轮的信息科技都是长在"云"上，未来世界大部分的科技也都在信息技术之上，这是互联网平台的价值。

三、中国数字经济的挑战：关键技术专利

目前，虽然阿里巴巴、腾讯、百度等中国互联网公司已经拥有自主创新的云计算和大数据核心技术及专利，但一般认为有 7 项影响未来的关键技术（云计算、大数据、人工智能、物联网、虚拟现实、工业机器人、区块链）。根据阿里研究院的研究，上述 7 种关键技术的专利归属大致如下。

在云计算、大数据领域，虽然阿里巴巴等中国互联网公司已经拥有自主创新的云计算和大数据核心技术，但是目前美国仍然占有市场主导地位。

在人工智能领域，全球人工智能专利数量排名中，美国、中国、日本位列前三，且数量级接近，德国第四。

在物联网领域，技术研发主要依靠大公司，中国、日本、韩国三个国家在物联网研发专利数量上占据领先地位。谷歌公司和苹果公司的物联网专利数量虽然不多，但两家公司已经成为物联网生态系统的主导营造者。谷歌安卓和苹果 iOS 已经完全垄断了智能手机操作系统市场。从 2014 年开始，谷歌和苹果不约而同地将手机操作系统向物联网领域延伸，包括智能家居、智能汽车、移动健康、可穿戴设备等。

在虚拟现实领域，美国的专利申请量最大，其次是日本、韩国、中国。值得注意的是，美国申请量比日本、韩国、中国的申请总量还多。同时必须要提到的国家是以色列，以色列凭借成熟的影像和计算机视觉产业链，专利申请比较集中于光学、传感器设计、底层算法优化等方面，而中国的创新集中于硬件头显设备和 VR 内容等。

在工业机器人领域，相关专利受理国主要是日本、中国、美国，其次是德国、韩国。从全球主要申请人看，排在前五位的大部分是日本企业。其中，发那科（FANUC）、安川（Yaskawa）、ABB、川崎（Kabushiki）、库卡几大机器人家族在专利申请储备上排在前几位。需要关注的是，美国智能机器人发展较快，高智能、高难度的军用机器人、太空机器人都已经实际应用于扫雷、布雷、勘查、站岗及太空监测方面。中国的工业机器人起步较晚，目前相关专利大部分为发明专利。

在区块链领域，美欧日等发达国家或地区纷纷投入重金开展研究和专利申请，特别是在金融领域的应用前景备受国际各大金融机构的青睐。

基于上述分析，我们可以看到，在关键技术方面，中国仍然有不足，这

需要我们保持清醒的认识，在商业模式创新的基础上，逐步掌握核心技术。

四、如何应对挑战

如果没有核心技术，能够获得的利润空间将会大大受限。为应对这一调整，我们需要一些相应的措施。

一是明确"推广优势领域抢占市场、狠抓关键领域争夺专利"的策略。我国在云计算、大数据领域已经具有自主创新能力，虽然市场规模与美国公司相比还有较大差距，但拥有技术控制权，因此应该加大我国云计算、大数据技术的推广力度，尽快抢占市场，培育骨干云计算、大数据企业。同时，在影响国家安全和国计民生的物联网、人工智能、区块链等领域，加大支持力度，争夺技术控制权。

二是找准政府与企业之间的配合点。政府侧重于购买云计算服务刺激云计算企业的发展，开放数据供企业开发使用，制定国家战略以指引企业加大研发投入，政府明确攻坚方向并推动企业之间强强联合，以"两弹一星"的精神推动我国核心技术的发展，并逐渐形成"以增量带存量、以应用带核心技术"的格局。

三是支持民营企业"走出去"收购国外先进技术。未来国家可以成立一些发展基金，用以支持民营企业"走出去"。

当前，世界百年未有之大变局持续深化，新一轮科技变革方兴未艾，全球产业链趋向本土化重构。作为以数据为核心要素、以数字技术为主要手段、以互联网为重要载体的新型经济形态，数字经济正全面融入人类社会各领域，不仅改变了传统的生产方式和商业模式，也深刻影响着人们的日常生活和社会治理方式。在当前全球化和信息化的背景下，探讨数字经济发展的现实路径显得尤为重要。为推动我国数字经济持续健康发展，我国在政策措施和产业布局方面进行了积极探索。《"十四五"数字经济发展规划》中制定了有关数字经济发展目标，推动数据要素市场体系初步建立、产业数字化转型升级、数字产业化发展、数字化公共服务普惠均等发展和数字经济治理体系的完善，为我国数字经济发展的现实路径奠定了坚实的政治基础。此外，我国积极推动互联网＋战略，鼓励互联网企业与传统产业深度融合，创造更多新业态、新模式，为数字经济的发展注入新的活力。

在此过程中，数据作为数字经济的基础，起到至关重要的作用，从数据的生产、储存、处理到传输，每个环节都与数据相关联；新基建作为数字经济发展的重要基础设施，以数字化、智能化、网络化为特征的新型基础设施，包括5G基站、大数据中心、人工智能、工业互联网等，这些技术的快速发展和应用为数字经济的创新提供了强大的技术支撑；直播作为数字经济的一个板块，在推动电商的发展、催生虚拟经济、促进数字文化产业发展和引领社会结构性变革方面起到重要作用；良好的营商环境作为数字经济发展的"稳定器"，提供了健康、稳定、开放、包容和创新的环境保障；数字科技作为推动数字经济快速发展的核心动力，在创新驱动、优化资源配置和产业融合等方面发挥了重要作用，其深度和广度都在不断扩大；场景驱动从市场需求挖掘、技术创新应用、产业融合生态构建、用户体验优化到商业模式创新等方面推动数字经济的发展和进步；科技创新载体作为科技创新的实现平台和支撑体系，为数字经济发展打造了一个新的平台，推动它不断迈向新的高度。以上这些方面在数字经济发展过程中各自扮演着不可或缺的角色，对于推动数字经济的繁荣与进步具有重要意义。鉴于此，本章将针对这些方面进行深入的探讨与阐述，以期为读者提供更全面、更细致的了解与认知。

第二节　加快推进以数据为关键要素的数字经济

一、数据的定义与分类

数据（Data）指一切可以输入到计算机程序处理的符号介质总称，具有多种特性，如多样性、动态性、关联性等，使得数据在处理和应用过程中具有极大的灵活性和适应性。同时它也是信息的另一种形式，包括诸如驾驶数据、医疗记录和位置数据等内容，这些数据本身并不是制作商品的指令，但在生产过程中可能仍然有用，对于产生新的想法也有帮助，因此，我们可以把数据理解为生产要素。

关于数据的内涵理解和概念界定可从多个维度理解：

基本定义：数据是载有信息的物理符号或这些物理符号的逻辑表示。换言之，数据是描述事物特性的符号序列，可以是离散的，也可以是连续的。

计算机科学：数据被认为是计算机程序能处理和加工的信息的原材料，是计算机程序加工的对象。

数学：数据可以看作是一组随机变量的值或观测结果。这些数据通常用于进行统计分析，以揭示其内在的模式或规律。

大数据时代：大数据不仅包括了传统的结构化数据，还涵盖了大量的非结构化数据，如社交媒体上的文本、图片和视频等。这些数据具有体量大、类型多、生成速度快、价值密度低等特点。

数据可以分为三个维度，其一是按照数据的结构化程度进行分类，可以把数据分为结构化数据（Structured Data）、半结构化数据（Semi-structured Data）和非结构化数据（Unstructured Data）；其二是按照数据的加工程度进行分类，可以把数据划分为零次数据、一次数据、二次数据和三次数据；其三是按照数据的抽象或封装程度进行分类，可以分为数据、元数据和数据对象三个层次。上面提到的结构化数据是可以存储在传统的关系型数据库中的数据，如 Excel 表格里的数据、关系型数据库中的数据、API 返回的数据等。半结构化数据通常具有自描述性，其结构可随时间动态变化，并且可以包含标签、元数据或其他形式的描述信息，如 HTML 文档、XML 文档、电子邮件等都属于半结构化数据。非结构化数据指那些没有固定格式或结构的数据，它不符合或无法适应传统的结构化数据模型，如语音、图像、办公文档、音频、视频等都是非结构化数据。随着大数据时代的到来，在三种类型的数据中，非结构化数据在企业和组织的数据资产中所占比例越来越高。除此之外，我们获得的原始数据，因为存在缺失值、噪声、重复值等情形，将其称为零次数据；零次数据经过初步加工，就变成了一次数据；一次数据再经过加工，就变成了二次数据；对一次数据或二次数据再进行一下加工，就可以得到支持我们结论或决策的三次数据。

二、数据作为关键要素的作用

数据成为新的新型生产要素，是数字化、网络化、智能化的基础，已快速融入生产、分配、流通、消费和社会服务管理等各环节，深刻改变着生产方式、生活方式和社会治理方式。随着数据规模化的快速增长和质量的提升，数字经济得以持续发展，通过对数据采集、挖掘、分析，形成了一系列数字产业，如大数据、云计算、人工智能等，这些产业为数字经济的发展提供了技术支持，可实现生产流程的智能化、精准化和高效化，提高生产效率和质量，推动传统产业转型升级，提升整个经济体系的竞争力，使其向数字化方向发展。同时，数据为企业提供了深入了解客户需求和市场趋势的机会，把海量数据转化为有价值的信息产品和信息服务，满足社会各方面的需求，从而推动业务模式的创新和服务方式的变革，打造全新的商业发展模式。

由人民网发表的《构建以数据为关键要素的数字经济》可知，数据带来新的发展动能，以数据为关键要素推进数字产业化和产业数字化发展，推动数字技术与实体经济深度融合，能够为经济社会健康发展提供持续动力；充分利用海量数据要素，大力发展数字产品制造业、数字产品服务业、数字技术应用业、数字要素驱动业等，能够为经济发展培育新的增长点；将数据要素与其他生产要素有机结合，能够提升其他生产要素的匹配效率、激发其他生产要素的创新活力，进而提高生产质量和效益，推动国民经济质量和水平实现整体跃升；等等。我们要适应新形势、抓住新机遇，切实用好数据要素，发掘数据资源支撑创新的潜力，协同推进技术、模式、业态和制度创新。

数据作为关键要素，促进多领域的应用与发展，如医疗领域，通过收集和分析个人健康数据，有助于医疗机构及时发现和预测潜在的健康问题，为患者提供个性化的健康管理和医疗服务；教育领域，通过对学生最近几次考试成绩的分析，能反馈出学生须继续保持和需要改进的地方，并制定出一整套学习规划和改进措施；交通领域，通过对车流量、道路拥堵情况、道路事故频发地等其他交通数据分析，交通管理部门可以制定更加科学合理的交通规划和政策，提高效率和安全性；体育领域，大数据在运动员训练、比赛分析和体育营销等方面发挥重要作用，有助于提升运动表现和市场营销效果等领域的应用。随着技术的不断进步和应用的深入，数据的作用越发凸显，成为推动社会进步和经济发展的重要力量。数字技术支撑、数据要素集成、平台赋能成为推动数字经济发展的动力系统，而数据要素是核心引擎。

三、推进以数据为关键要素的数字经济

随着信息技术的迅猛发展，数据已成为推动数字经济发展的核心要素。数据不仅承载着海量的信息，而且具备着价值挖掘、决策支持和创新驱动等多重功能。因此，如何推进以数据为关键要素的数字经济，已成为当前经济社会发展的重要课题。

推进以数据为关键要素的数字经济有如下措施：①加强数据基础设施建设，推进以数据为关键要素的数字经济，推动基础公共数据安全有序开放，提升公共数据开放水平，释放数据红利。这包括建设高速、泛在、安全、智能的

数据通信网络，提升数据处理和存储能力，以及推动数据中心、云计算等新型基础设施的布局和建设，这些设施的建设将为数据资源的流通和应用提供有力支撑。②促进数据要素的流通与共享，数据流通与共享是发挥数据价值的关键环节。要建立健全数据流通机制，推动政府部门、企事业单位和社会组织等各方开放共享数据资源。同时，加强数字市场监管，推进线上线下一体化监管，防止平台企业利用数据、算法、技术等手段进行垄断。③推动数据创新应用与产业融合发展，以实际应用需求为导向，探索建立多样化的数据开发利用机制。鼓励市场力量挖掘商业数据价值，推动数据价值产品化、服务化，大力发展专业化、个性化数据服务，促进数据、技术、场景深度融合，满足各领域数据需求。并通过运用大数据、人工智能等技术，对数据进行深度挖掘和分析，挖掘数据背后的价值，推动产业创新升级，数字经济与实体经济相互促进、协同发展。④强化数据安全保障与隐私保护，数据安全是推进以数据为关键要素的数字经济的重要保障。要加强数据安全保障体系建设，提升数据安全防护能力。同时，加强个人隐私保护，防止数据泄露和滥用，建立健全数据安全法律法规，为数据安全提供法律保障。⑤加强政策支持与引导，政府主导推进数据要素基本制度建设，形成体系完备、规则合意、执行有效的制度体系，为数据要素化和市场化提供重要的制度性基础条件。

推进以数据为核心引擎的数字经济是一项复杂的工程，需要政府、企业及社会各界的参与和协同努力。通过强化数据基础设施的稳固构建、推动数据资源的共享与开放、提升数据应用的专业能力和技术水平，不断优化数字经济发展的整体环境，充分挖掘和发挥数据在数字经济发展中的核心驱动作用，进而促进数字经济的持续、健康、稳定发展，为整个经济社会的创新发展注入强劲的新动力。

第三节　全力布局新基建，
构建以新基建为基石的数字经济

一、新基建概述与背景分析

新型基础设施建设（以下简称新基建）指基于新一代信息技术、数字化、物联网等新兴技术，以及新能源、智能交通、数字政务等新兴领域，推动一批基础设施建设项目。"新基建"可分为狭义"新基建"和广义"新基建"。其中，狭义"新基建"指数字基础设施，包括 5G 基站建设、大数据中心、人工智能、工业互联网等。广义"新基建"指融合基础设施，包括特高压、新能源汽车充电桩、城际高速铁路和城市轨道交通，以及交通、水利重大工程等。传统基础设施大多局限于实体空间尤其陆域，重在有形连接，即"桥连接"，主要包括公路、铁路、机场、港口、码头、桥梁等，俗称"铁公基"。新型基础设施不仅在实体空间，更拓展至虚拟空间，重在无形连接，即"云连接"，主要包括以互联网为代表的新一代信息技术群，也称"云设施"。因此新基建与传统基建相比，新基建具有技术先进、产业融合、开放共享等特点。

在当前中国经济社会发展的新阶段，新基建成为推动经济高质量发展的重要引擎。伴随着数字经济的蓬勃兴起，传统基础设施建设已不能完全满足经济社会发展的需求，因此，新基建应运而生，成为国家发展战略的重要组成部分。新基建的推广和实施对于促进产业升级、提高生产效率、优化经济结构以及提升国家核心竞争力具有重要意义。根据《数字中国发展报告（2020 年）》，我国已建成全球规模最大的光纤网络和 4G 网络；5G 网络建设速度和规模位居全球第一，5G 独立组网率先实现规模商用；全国光缆线路总长度达 5169 万千米；光纤宽带正全面从百兆向千兆升级；建成全球最大的窄带物联网（NB-IoT）网络，移动物联网连接数达到 11.5 亿……我国为此出台了具有权威性和代表性的蓝皮书——《新基建蓝皮书：中国新基建发展报告（2022）》，这为新时期我国提升新基建水平、搭建更完善的数字生态提供了参考和借鉴。

二、"新基建"打造数字经济新引擎

新基建与数字经济之间存在着密切的联系和互动。一方面，新基建的建设为数字经济的发展提供了基础条件。例如，5G 基站的建设提升了网络通信速度，为云计算、大数据等技术的发展提供了有力支持；数据中心的建设则提升了数据处理能力，为数字经济提供了高效的数据存储和计算服务。另一方面，数字经济的发展也推动了新基建的升级和完善。随着数字经济的不断发展，对数据传输、存储和处理的需求不断增加，这促使新基建不断提升技术水平和服务能力。同时，数字经济的发展也催生了新的应用场景和需求，为新基建的发展提供了新的方向和动力。

"新基建"既是强化数字经济发展的基础保障，又是推进数字经济增长的重要引擎，更是融入数字经济时代的关键设施。它通过推进对高端制造产业、IT服务行业等行业的发展，促进了数字经济与实体经济的深度融合，加速了产业转型和升级，如中国的"数字丝绸之路"计划通过建设国际信息通信基础设施，带动周边国家的数字经济发展。在新基建的背景下，5G网络、物联网、人工智能等技术创新，为人们的生活带来便利。如5G基站的建设，解决了人们就医问题，人们不必远行就医，就可以通过网上问诊方式诊断病情或远程手术。新基建对于提升数字基础设施水平、改善信息传输和网络稳定性等方面具有显著作用。通过大规模建设5G网络、数据中心和物联网等基础设施，新基建有效提高了数据传输速度和效率，降低了网络延迟，提升了网络服务质量。同时，新基建还促进了云计算、边缘计算等技术的普及和应用，为数字经济发展提供了更加稳定、高效的网络环境。

新基建作为数字经济发展的新引擎，正以其强大的驱动力和影响力推动数字经济的快速发展。未来，随着技术的不断进步和应用场景的不断拓展，新基建将继续发挥其在数字经济发展中的重要作用，为经济社会的高质量发展注入新的活力和动力。

三、新基建打造数字经济基石的现实路径

中国数字经济在数字化产业方面取得了极大成就，但随着数字经济发展和数字化转型进入"深水区"，产业数字化发展步履维艰。下文将探讨新基建如何打造数字经济基石的现实路径。

新基建的首要任务是构建高效、智能的数字化网络，为数字经济发展提供坚实的网络基础。5G基站的广泛建设，将极大提升数据传输速度和带宽，使得更多高带宽、低时延的应用场景得以实现。特高压输电技术的推广和应用，将提升能源传输效率，保障数字经济稳定运行。此外，城际高速铁路和城市轨道交通的建设，不仅加快了人流、物流的流通速度，也为数字经济的快速发展提供了有力支持。数据是新基建的核心要素，是推动数字经济发展的关键资源。大数据中心的建设将实现数据的集中存储、管理和分析，为政府、企业和个人提供高效的数据服务。通过挖掘数据的潜在价值，可以为产业创新、精准营销等提供有力支撑。同时，人工智能技术的应用将进一步提升数据分析和处理的能力，推动数字经济的智能化发展。新基建不仅要构建数字化网络和数

据资源体系，还要加强与传统产业的融合，推动产业数字化转型。工业互联网平台的建设，将实现工业设备、生产流程和数据的互联互通，提升制造业的智能化水平。新能源汽车充电桩的建设将推动新能源汽车产业的快速发展，为绿色出行提供便利。这些融合性新基建的推进，有助于提升传统产业的竞争力，实现产业升级和转型。新基建的推进需要注重数字产业生态的培育。通过建设一批具有创新能力的数字产业园区，可以吸引更多的数字产业企业和人才集聚，形成数字产业创新集群。在推进新基建建设的过程中，还需要深化国际合作，共同推动全球数字经济的发展。通过加强与国际社会的沟通和协作，可以共同解决数字经济发展中面临的挑战和问题，推动形成开放、包容、普惠、平衡、共赢的全球数字经济发展格局。

新基建是打造数字经济基石的重要路径，也是推动经济社会发展的关键力量。我们应该充分认识和把握新基建的重要性，积极推动数字经济的发展，为实现经济社会的全面数字化转型和智能化升级贡献力量。

第四节 加快实施构建以直播助推数字经济发展新路径

一、直播与数字经济发展的概述

随着互联网的普及与科技的进步，"直播"已成为"网络直播"的代名词，从狭义角度看，网络直播是新兴的高互动性视频娱乐方式，这种直播通常是主播通过视频录制工具，在互联网直播平台上，直播自己唱歌、玩游戏等活动，而受众可以通过弹幕与主播互动，也可以通过虚拟道具进行打赏。当前，网络直播行业正呈现三方分化的形态，包括最为知名的秀场类直播、人气最高的游戏直播，以及新诞生并迅速崛起的泛生活类直播。

目前直播行业呈现出以下现状：一是直播市场规模持续扩大；二是用户基数不断增加，受互联网影响参与直播的人数只增不减；三是内容形式多样化，在网络平台上直播的赛道有很多，如娱乐直播、游戏直播、教育直播等，各种类型的直播层出不穷。由此可见，直播行业竞争非常激烈。在未来，直播带货作为直播行业的重要组成部分，将持续保持高速增长；随着直播行业的竞争加剧，垂直领域的直播逐渐崛起；将打造成"直播＋社交"模式发展，观众通过直播结交志同道合的朋友，形成更加紧密的群体；随着观众对于直播内容品质的要求越来越高，主播将更加注重内容的创作和呈现；随着人工智能、大数据等技术的不断发展，直播行业将迎来更多的创新；直播电商平台去中心化，预计未来直播电商各大平台主播资源实现跨平台共享，持续探索流量红利、升级直播场景，推动内容创新、主播造星、收益共享等方面的深度合作。

直播作为一种新型的数字经济业态是数字经济的重要组成部分，其地位日益凸显。首先，它不断创新业务模式、拓展应用领域，成为数字经济中最具活力和创新力的领域之一。直播技术的广泛应用，不仅推动了数字经济的快速增长，也为传统产业的数字化转型提供了有力支持。其次，直播在促进消费和扩大内需方面发挥着重要作用。通过直播形式，商家能够直接向消费者展示产品特点和使用方法，增强消费者的购买欲望和信任度。同时，直播能够带动相关产业链的发展，形成良性循环，进一步推动数字经济的繁荣。此外，直播是推动文化产业发展和传播的重要渠道。通过直播平台，各类文化产品得以广泛传播，满足了人民群众多样化的精神文化需求。直播形式的多样性和互动性，也为文化产业的创新发展提供了广阔空间。最后，直播在创造就业和推动社会经济发展方面具有显著贡献。直播行业的快速发展为社会提供了大量就业机会，吸引了大量年轻人投身其中。同时，直播经济的发展带动了相关产业的协同发展，为整个社会的经济繁荣做出了积极贡献。

随着 5G 网络、数据中心等新基建的完善，借助直播在数据生产、流通、整合、应用、共享、开放、保护、价值体现上的优势，利用直播电商直连生产端和消费端，打破供应链壁垒，打造线上线下融合模式，实现直播带货、智能化生产、数字化营销以及人才培育全链条数字化转型，从而提升产业竞争力，赋能城市化发展。

二、直播助推数字经济发展的新路径

首先，要强化政策支持，优化发展环境。面对直播经济的数据造假、商品质量等问题，目前已有不少政府部门在酝酿相关的管理办法，如中国商业联合会已要求其下属的媒体购物专业委员在制定《视频直播购物运营和服务基本规范》等标准。同时，部分行业专家也对直播经济的行业规范提出了建议，包括带货的目的、产品都要慎重选择，要符合自身的定位和大众的期待。政府应加大对直播行业的监督，规范市场秩序，创建一个公开透明的市场，提高信息的透明度，防止恶性竞争和不良行为的发生。

其次，需深化技术创新，提升直播品质。技术创新是直播行业持续发展的关键，企业应加大研发投入，探索新技术、新应用，提升直播画质、音质和互动性能，为消费者提供更加优质的观看体验，如5G技术的应用可保证直播过程的流畅，并使得视频的每一个细节清晰展现，还可以实现更具视觉冲击力的画面，将有效提高消费者的体验感。

再次，要拓宽直播应用场景，丰富数字经济内涵。直播电商作为直播与电商相结合的产物，通过直播的形式向消费者展示商品，吸引消费者关注和购买，增加商品的曝光率和销售量。除传统的直播电商外，还应积极拓展直播在教育培训、文化旅游、医疗健康等领域的应用场景，丰富数字经济的内涵和外延。通过直播形式的创新和内容的多元化，吸引更多用户参与，进一步推动数字经济的发展，如在讲解产品的过程中融入丰富的人文内涵和人文历史，并对产品作出深入的理解和思考，使直播具有独特的吸引力，从而带动电商的发展。

最后，培养数字化专业人才，提升行业素养。《加快数字人才培育支撑数字经济发展行动方案（2024—2026年）》中提到，支持建设一批数字经济创业载体、创业学院，深度融合创新、产业、资金、人才等资源链条，加大数字人才创业培训力度，促进数字人才在人工智能、信息技术、智能制造、电子商务等数字经济领域创新创业。积极培育数字经济细分领域专业投资机构，投成一批数字经济专精特新"小巨人"企业，重点支持数字经济"硬科技"和未来产业领域发展。由此可见，数字化专业人才是推动经济社会发展的重要力量，他们利用数字化技术解决现实问题，提高工作效率，降低成本，为社会创造更多价值。同时，数字化专业人才可以推动数字化转型和智能化升级，促进产业升级和创新发展，为经济增长注入新动力。

综上所述，加快实施构建以直播助推数字经济发展新路径是适应数字经济发展的必然趋势，也是推动经济社会持续健康发展的重要举措。

三、拓展直播应用场景与市场潜力挖掘

随着互联网和移动智能终端的快速发展，使直播无论是对企业、主播还是对消费者而言，都在很大程度上降低了技术、成本和使用方面的门槛。不同于一般电视营销、线上营销以及视频营销，直播营销通过线上设置独特的场景展现企业的产品和服务，而且只需要一个主播就可以同时积聚成千上万的

消费者，具有很强的实施曝光度。尤其是，在特殊的购物节日（如"双 11"、6·18）、节庆促销（如端午节、中秋节）或者新产品推介会期间，直播营销往往会在 1 小时内实现一个企业一个月乃至更长周期的销售目标。另外，直播是主播通过现场展示，对产品的形态、使用体验的描述等，达到"身临其境"的效果。对于服装、美妆或者一些难以通过文字、图片或单纯的视频展示的产品而言，这种真实、生动且公开多人互动的展示能够起到更大的说服作用。

首先，直播应用的拓展可从多个方向进行。在教育领域，直播技术可以实现远程实时教学，为学生提供更丰富的学习资源和互动体验。在娱乐领域，直播互动游戏、音乐会、体育赛事等节目，能够带给观众身临其境的感受。在电商领域，直播带货已经成为一种新型的销售模式，通过直播展示商品的特点和使用方法，吸引消费者的购买欲望。此外，直播可以应用于企业会议、产品发布、在线培训等多个场景，提升沟通效率和信息传递的准确性。

其次，市场潜力的挖掘是直播应用发展的关键。随着移动互联网的普及和 5G 技术的应用，直播应用的用户基数和观看时长都在不断增长。这为直播应用提供了巨大的市场空间。同时，随着用户需求的多样化，直播应用可以不断创新，推出更符合用户口味的内容和服务。例如，可以开发更多具有互动性和社交性的功能，提升用户的参与度和黏性；也可以与各行业合作，推出定制化、专业化的直播服务，满足不同领域的需求。

市场潜力深度挖掘有以下几方面：一是技术创新推动市场扩大，随着 5G、AI 等技术的不断发展，直播的画质、音质和互动性能将得到进一步提升，为用户带来更加优质的观看体验。这将进一步激发用户的观看热情，推动直播市场持续扩大。二是个性化需求驱动市场细分，随着消费者对个性化内容的需求不断增长，直播市场将进一步细分。针对不同领域、不同用户群体的特点，直播平台将推出更加专业化、精细化的服务，满足用户的多样化需求。三是跨界合作拓展市场边界，直播作为一种具有强大互动性和传播性的媒体形式，可以与多个行业进行跨界合作，共同拓展市场边界。例如，与旅游、餐饮、文化等行业合作，推出特色直播活动，吸引更多用户参与。

直播应用的拓展与市场潜力的挖掘是一个持续过程，随着技术的不断进步和市场的不断变化，我们需要不断创新和完善直播应用的功能及服务，以满足用户日益增长的需求。同时，也需要关注行业的发展趋势和政策法规的变化，为直播应用的未来发展做好规划和准备。

第五节　加大营商环境改革力度，
全力打造数字经济发展新生态

一、营商环境存在的问题

数字营商环境的优化是一项系统性、长期性工程，只有更好，没有最好。当前，我国数字营商环境建设还存在一些亟待解决的问题，如数字基础设施有待进一步完善，政务数据开发利用、流通共享的深度和广度需要进一步拓展，政务网络安全保障体系还存在不少薄弱环节，一些领导干部的数字思维和数字素养还有待提升等。进一步优化数字营商环境需要多措并举、持久发力。要加大对数字基础设施建设的政策扶持和资金投入力度，深化数字技术的创新应用，进一步完善高效集成的政务平台，扩大数字政务应用场景，全面提升营商环境的数字化水平。加快培育数据要素市场，推进政务数据的开发利用，充分发挥数据效能，以数字化推动政府职能转变。强化网络安全，持续推动网络安全技术创新，筑牢数字营商环境的网络安全屏障。健全相关法律制度，根据优化数字营商环境的需求及时修订法律法规和相关制度，加快健全平台交易规则、服务协议和争议解决机制，加强平台算法及用户权益保护规则审查，积极构建适应数字经济发展要求的服务模式和监管模式。针对新产业新业态加强干部培训，提升其在数字时代的履职服务能力。

二、加大营商环境改革力度

人民网发表的《推动数字营商环境持续优化》中提到，优良的营商环境是稳定市场信心、激发经济发展活力、推动高质量发展的重要因素。加强数字基础设施建设，促进新技术传播和运用，努力构建开放、公平、非歧视的数字营商环境。当前，大数据、云计算、区块链、人工智能等新兴技术发展迅速。优化数字营商环境，提升网络化、数字化、智慧化服务水平，是数字经济发展的"刚需"，也是优化营商环境的题中应有之义。我们要坚持以习近平新时代中国特色社会主义思想为指导，加快发展高效协同的数字政务，深入推进数字化改革，强化制度规则创新，推动技术融合、业务融合、数据融合，持续优化数字营商环境。

良好的营商环境能带给我们很多好处，因此如何优化数字营商环境已经成为现阶段研究的重要课题。我们将从以下几方面深入研究：一是我们之前已经提到的加强数字基础设施建设，数字基础设施是数字经济发展的基石，包括5G网络、云计算、大数据中心、人工智能等。政府应加大对数字基础设施的投资力度，提升网络覆盖率和质量，推动数字化技术的普及和应用。二是推进数据共享和开放，数据的共享和开放是优化数字营商环境的关键环节。政府应建立健全数据共享机制，推动各部门、各企业之间的数据互联互通，打破信息孤岛，提高数据使用效率。同时，应加强数据安全和隐私保护，确保数据在共享和开放过程中的合法性和安全性。三是简化行政审批流程，政府应简化行政审批流程，减少不必要的环节和审批事项，降低企业的时间和成本负担。同时，还应推动行政审批的数字化转型，实现线上办理、一网通办等便捷服务，提高审批效率。四是加强法律法规建设，完善的法律法规是优化数字营商环境的重要保障。政府应制定和完善与数字经济相关的法律法规，明确各方权责和利益分配机制，为数字经济的发展提供有力支撑。五是提升数字素养和技能，数字素养和技能是数字时代的基本要求，政府应加大对数字教育和培训的投入力度，提高全民数字素养和技能水平。此外，还应鼓励企业加强内部培训和学习，提升员工的数字化能力。六是加强国际合作与交流，数字营商环境的优化需要借鉴国际先进经验和技术。政府应加强与其他国家在数字经济领域的合作与交流，共同推动数字营商环境的优化和升级。

优化数字营商环境，需要提高数字服务、共享、流动、监管水平，为数字经济公平、健康、有序发展提供环境支持，为加快建设现代化经济体系、推动高质量发展提供动力。这要求在行政审批、市场监管等政务服务场景中，深度开发和广泛运用数字技术，切实提升政务服务质效，充分释放数字红利。优化数字营商环境更加要求突破时空限制、拓展服务范围、实现精准治理、促进公开公平公正等。数字营商环境建设成为当前营造市场化、法治化、国际化一流营商环境的关键举措，是推动经济高质量发展、释放市场活力的重要抓手。

三、数字经济发展新生态构建

数字经济发展新生态呈现出以下几方面的特点：一是信息技术深度融合，

推动传统产业数字化转型；二是创新驱动成为核心动力，引领数字经济快速发展；三是跨界合作成为常态，形成多方协同、共享共赢的局面。

为促进数字经济健康发展，需要从政策、绿色金融、技术等层面提出创新措施。政策层面，应制定和完善相关法律法规，为数字经济发展提供法治保障；加强顶层设计和战略规划，明确发展目标和路径。绿色金融层面，应优化投融资环境，支持数字经济创新发展；加强绿色金融科技应用，提升绿色金融服务效率和安全性。技术层面，应加大研发投入，推动关键技术突破；加强技术创新与产业应用融合，提升数字经济核心竞争力。

除此之外，产业链的联动关系决定了实体经济数字化转型需要从生态的角度出发寻求着力点。

首先，数字生态可重构主体关联模式，发挥网络效应。实体经济要实现数字化转型，不是单个企业的"孤立"行为，而需要政府、企业、服务商等多方协作。数字生态为转型相关主体之间的协同发展提供了新空间。通过构建数字生态系统，龙头企业数字化转型的经验得以固化、推广、复制；中介服务商通过识别共性需求并提供模块化解决方案，为企业和产业突破数字化转型技术壁垒，降低转型成本；政府以数字生态为依托提供更多、更完整的具有公共物品属性的数字基础设施，服务实体经济数字化转型。

其次，数字生态可重构产业链关系，优化资源配置。传统链条式的产业链、供应链关系，在数字生态中由于各主体的关联模式重构而随之发生改变，形成网络结构下的短链模式，以高效的业务协同、数据协同、要素协同，实现价值共创、利益共享。对于产业链上游，数字生态助力企业实现智能化供给，保证产业链供给安全；对于同类型企业，借助数字生态下知识共享、技术共享、产能共享、订单共享、员工共享等多种数字化模式创新，实现优化资源配置，提升竞争优势；对于产业链下游，数字生态打破生产与消费相互割裂的状态，将生产、商业、消费、社交有机融合，借助数据分析优化产品设计、产能投放，精准匹配用户需求，提高有效供给。

最后，数字生态可对接全球市场，助力支撑双循环。当前国内外经济形势复杂多变，党中央提出要加快构建以国内大循环为主体、国内国际双循环相互促进的新发展格局。数字生态为企业特别是中小企业拓展全球化市场建立新通道，提供了信息展示、贸易洽谈、支付结算、税收通关等各环节的全面数字化服务，大幅降低交易成本，提高交易效率。通过基于数字平台的供需对接，为企业精准定位海外需求、融入全球产业链、供应链提供新途径，是新时代背景下实现双循环的有力支撑。以"丝路电商"为例，2019 年，我国与 22 个伙伴国家的跨境电商进出口额达 245.7 亿元。

当前，我国数字经济发展已经取得了显著成效，但仍面临一些挑战和问题。未来，我们需要进一步加强政策引导和支持，优化数字经济发展环境；同时，需要加强技术创新和人才培养，提升数字经济核心竞争力。展望未来，随着 5G、云计算、大数据等新一代信息技术的深入应用和推广，数字经济将迎来更加广阔的发展空间和机遇，数字经济新生态的构建过程会更加完善。

四、营商环境的数字化之路

数字化是营造一流营商环境的必由之路，与传统营商环境相比，数字化营商环境具有突破时空限制、实现精准管理、提升办事效率、促进公平公正等方面的优势，有利于实现我国商事制度与国际标准的合理有效衔接。持续推进数字化发展是营造市场化、法治化、国际化一流营商环境的关键举措。

加快数字营商环境建设，有利于加快构建全国统一大市场。党的二十大报告提出"构建全国统一大市场，深化要素市场化改革，建设高标准市场体系"的要求。数字经济的发展深刻改变了市场经济的运作方式，不仅促进了经济组织的形式创新，也使产业链、供应链、价值链更加依托于互联网。数字营商环境是数字经济有机组成部分，也为数字经济的发展提供基础与保障。深化营商环境数字化转型，以数字营商环境建设促进形成统一有序的市场环境，是发挥我国体制优势提升资源配置效率、规范监管功能的重要方式。

数字化是提升营商环境法治化水平的重要方式。数字营商环境建设的重要内容之一是将营商环境相关的法律法规、制度条款内嵌于商务政务服务平台中，实现内容模块、办事流程的数字化，能够有效克服实施过程中由人为因素可能造成的偏差，也使各职能部门的各种行政举措透明化公开化，增强其公信力和合规性，为建构亲清政商关系奠定基础。此外，数字化营商环境建设有助于促进政商沟通渠道的畅通，丰富沟通方式。借助现代信息手段，服务对象在业务咨询、质量反馈、投诉建议等方面的要求可以通过数字平台渠道得以表达，从而有效减少沟通成本，提升沟通效率。

营商环境数字化发展能够促进国内外市场的有效衔接。营商环境的数字化发展有利于国内外市场供求信息更为充分地表达，在更大程度上促进市场价格机制的形成，减少由于信息不对称所带来的市场决策滞后和资源配置效率低下等问题。数字化营商环境能够在更大程度上克服跨文化沟通的障碍，借助信息充分、界面友好、操作便捷的商务政务平台，助力我国产品和服务更好进入国际市场，也为境外投资者深度融入本土市场创造条件。

建设高水平数字营商环境，深化技术创新应用，提升营商环境数字化水平。应不断加强对营商环境细分领域目的、功能、流程等方面的研究，做好顶层设计，通过政府购买企业技术服务等多种合作模式，促进数字基础设施建设、数字技术深度应用、数据要素价值共创共享，通过数字化创新形成适应数字经济发展要求的服务模式和监管模式，在问题识别、过程管理、成效评估等方面加强营商环境的数字化赋能。

加强全局规划引领，促进地域部门权责协同。深入研究跨地域、跨行业、跨国别的产业链、供应链、价值链协同创新模式，在此基础上发挥我国社会主义市场经济的制度优势，以数字化一体政务平台构建等方式不断完善制度设计和政策实施，更好地服务于我国经济社会快速数字化转型发展的需求。随着《数字中国建设整体布局规划》的出台、国家数据局的组建以及数字政务平台的组织架构调整，我国数字经济发展的整体性制度设计和管理机制日趋完备，这为全国统一、规范的数字化营商环境建设奠定了基础，未来应着重于进一步促进行政区域之间、职能部门之间、权利与责任之间的协同。

积极构建社会治理共同体。良好的、可持续的营商环境应是开放包容、统一有序的社会生态系统。未来，我国的数字营商环境建设应更加着力于促进商业社会生态系统中各方面的沟通合作，促进各项业务流程的有效衔接，创造多元主体共同参与和协同创新的条件，以此构建高效、统一、有序的社会治理共同体，保持数字营商环境的持久活力。我们应基于社会主义核心价值观和中华优秀传统文化的价值原则进行目的评判、制度设计和科学决策，在数字营商环境建设中不断强化数字治理和数字伦理体系建设；借鉴全球数字经济伦理研究和规则制定的前沿成果，不断深化国际领域的合作，积极参与国际数字商贸规则的制定。

第六节 加快数字科技发展，全力打造数字经济发展新高地

一、数字科技发展现状与趋势

数字技术是在产品、服务和工具中嵌入或使用的信息通信技术的总称。数字技术的范围较广，代表性的数字技术主要包括人工智能、机器学习、大数据、信息通信基础设施、物联网以及机器人和传感器组件等。《2024 数字科技前沿应用趋势》报告中提出：高性能计算、量子计算、云计算和边缘计算这"四大计算"融会贯通，正催生全新的计算范式；通用人工智能渐行渐近，大模型走向多模态，AI 智能体（Agent）有望成为下一代平台，AI 治理将引领我们走向更智慧、更安全的未来。此外，数字交互引擎在高效构建虚拟世界与现实世界高质量交互的过程中，不断实现技术迭代，并逐步实现了跨行业、跨场景应用；手机卫星电话、垂直起降飞机将改变我们的应急方式和出行模式；交通网、信息网、能源网的融合，将推动智能、绿色的能源变革。

《人工智能标准化白皮书（2018 版）》将人工智能（Artificial Intelligence, AI）定义为利用数字计算机或者数字计算机控制的机器模拟、延伸和扩展人类的智能，感知环境、获取知识并使用知识获得最佳结果的理论、方法、技术和应用系统。当前，人工智能的应用主要包括自然语言处理、专家系统、视觉系统、手写识别等。随着人工智能不断升级，其正在加速向工业、医疗、出行等居民工作与生活的方方面面渗透。机器学习（Machine Learning, ML）是人工智能的核心。机器学习可以从任务 T、性能度量 P 和经验 E 三个方面界定。如果一个计算机程序在任务 T 上以性能度量 P 衡量的性能随着经验 E 而自我完善，则称这个计算机程序在从经验 E 中学习。与传统的编写规则不同，机器学习是通过一套特定的算法，使得机器从数据中挖掘意义，并为机器赋予学习的能力，从而使得机器能够基于采样数据以识别并解决不同。

当前，数字技术已在绿色金融、医疗、教育、交通等众多领域得到广泛应用。例如，在绿色金融领域，人工智能和大数据技术已广泛应用于风控、征信、投资等领域，有效提高了绿色金融服务的智能化水平。在医疗领域，远程医疗、智能诊断等技术为患者提供了更便捷、高效的医疗服务。然而，数字技

术的推广程度仍受限于数据安全、隐私保护等问题，需要在未来的发展中加以解决。为了推动数字技术的健康发展，国家和地方政府已出台了一系列政策举措和法规支持。这些政策主要聚焦于数字基础设施建设、产业创新、人才培养等方面，为数字技术的发展提供了有力保障。同时，相关法律法规的完善也为数字技术的合规发展提供了重要依据。结合市场调查数据和行业发展趋势，我们可以预测未来数字技术将呈现以下发展方向：一是人工智能将进一步普及，助力各行业实现智能化转型；二是大数据技术在数据挖掘、分析等领域将发挥更大作用，助力企业实现精准决策；三是物联网技术将推动万物互联，为智能生活提供更多可能。这些趋势将为各行业带来巨大的变革和影响，助力数字经济蓬勃发展。

二、加快数字科技创新体系建设

建立健全数字技术创新体系，对于推动产业升级、提升国家竞争力以及改善民生具有重要意义。首先，数字技术创新能够引领产业转型升级，推动传统产业向高端化、智能化、绿色化方向发展。其次，数字技术创新是提升国家竞争力的关键所在，通过掌握核心技术，提升国家在全球数字经济领域的话语权。最后，数字技术创新能够改善民生，提升公共服务水平，让人民群众享受更加便捷、高效、智能的生活。除此之外，我国也很重视数字技术的发展，"构建新发展格局最本质的特征是实现高水平的自立自强，必须更强调自主创新，全面加强对科技创新的部署"。党的二十大报告提出，"加快构建以国内大循环为主体、国内国际双循环相互促进的新发展格局"。数字技术是推动科技进步的原动力，也是提升国家核心技术能力的关键因子。《数字中国建设整体布局规划》（以下简称《规划》）明确提出构筑自立自强的数字技术创新体系，为着力增强数字技术的创新能力，以关键核心技术突破推动实现高水平科技自立自强指明了方向、提供了遵循。

数字技术创新体系的建设离不开完善的基础设施支撑，这包括网络设施、算力中心、数据资源等方面的建设。在网络设施方面，需要加快5G网络、物联网等新型基础设施的建设和普及；在算力中心方面，需要建设高性能计算中心，提升数据处理和分析能力；在数据资源方面，需要建立完善的数据共享和开放机制，促进数据资源的有效利用。良好的创新生态是数字技术创新体系持续健康发展的关键，应着力培育创新环境，鼓励跨界合作和资源共享。一方面，政府应出台相关政策，为创新创业提供资金、场地等支持；另一方面，企业、高校和科研机构应加强合作，共同推动数字技术创新。此外，跨界融合也是数字技术创新的重要方向，通过跨行业、跨领域的合作，可以拓展数字技术的应用场景，推动数字经济的发展。数字技术创新的应用是推动产业提质增效的重要途径，应积极推动数字技术在各行业领域的应用，并结合行业特点制定相应的解决方案和应用模式。例如，在制造业领域，可以推广智能制造、工业互联网等技术，提升制造业的智能化水平；在服务业领域，可以运用大数据、人工智能等技术，提升服务质量和效率。在推进数字技术创新的过程中，必须加强法律法规的合规监管，确保数字技术的健康发展。一方面，应完善相关法律法规，为数字技术创新提供法律保障；另一方面，应加大对违规行为的打击力度，保护消费者权益，维护市场秩序。

当今世界，数字技术正以新理念、新业态、新模式全面融入人类经济、政治、文化、社会、生态文明建设各领域和全过程，给人类生产生活带来广泛而深刻的影响。数字技术领域的竞争进入新赛道，面向全链条和新技术研发体系的竞争范式逐步走向台前。当前，我国已进入中国式现代化的历史进程，新发展格局是中国面对百年未有之大变局的主动选择，也是应对当前形势下机遇和挑战的战略选择。把握时代发展大势和科技革命趋势，构建数字科技发展，全力打造数字经济发展新高地，具有重要的现实意义和深远的历史影响。

三、数字科技发展助推数字经济发展路径

数字科技通过提高生产效率、优化资源配置、创新商业模式等途径，有效促进了传统行业的转型升级。首先，数字化、智能化技术的应用，提高了生产自动化水平，降低了成本，提升了产品质量。其次，数字科技有助于实现资源的优化配置，提高资源利用效率。最后，数字科技催生了新业态、新模式，为经济发展注入了新动力。

以信息通信和绿色金融服务为例，数字科技在这些领域中的应用已取得了显著成效。在信息通信领域，5G、物联网等技术的普及应用，推动了信息通信行业的快速发展，为各行业提供了更加高效、便捷的信息服务。在绿色金融服务领域，区块链、人工智能等技术的应用，提升了绿色金融服务的智能化水平，降低了绿色金融风险，为经济发展提供了有力支撑。通过这个案例的分析，我们可以提炼出数字科技推动数字经济发展的实践路径：一是数字科技与

传统产业融合；二是数字科技支持下的新型业态和商业模式；三是数字科技在基础设施建设和服务业领域的应用；四是政策支持与人才培养。传统产业与数字科技的深度融合是实现数字经济发展的关键。通过引入数字化、信息化技术，传统产业可以实现生产过程的自动化、智能化，提高生产效率和质量。同时，数字科技还可以帮助传统产业实现资源的优化配置和降低成本，提升市场竞争力。

数字科技不仅推动了传统产业的转型升级，还催生了众多新型业态和商业模式。例如，基于互联网平台的共享经济、在线教育等新型业态正在快速发展，成为数字经济的重要组成部分。这些新型业态和商业模式不仅丰富了消费者的选择，也为企业创造了新的盈利模式和增长点。数字科技在基础设施建设和服务业领域的应用也取得了显著成效。例如，网络通信技术的快速发展使得信息传输更加迅速、便捷，为数字经济的蓬勃发展提供了有力支撑。移动支付、在线绿色金融等数字科技在服务业领域的广泛应用，不仅提升了服务效率和质量，也改善了人们的消费体验。另外，政府在推动数字科技发展中发挥着重要作用。本章分析了各国政府在支持数字科技研发、培育数字产业、优化政策环境等方面的政策措施。同时，本章还探讨了政府在数字经济发展中的战略布局，包括推动数字化转型、加强数字基础设施建设、培育数字人才等。这些政策措施和战略布局为数字科技助推数字经济发展提供了有力保障。

第七节　加强应用以场景驱动为抓手的数字经济技术创新

一、深化场景理解与应用探索

场景驱动是一个涉及多个领域和应用的概念。在大数据服务领域，场景驱动强调在提供服务时，应始终围绕业务的关键痛点展开工作。这意味着所有系统建设、效率优化以及资源分配都需要优先支撑关键场景，任务安排上，以解决这些关键场景的问题为最高优先级。在人工智能领域，场景驱动正成为创新应用的重要模式。它体现为人工智能产业创新能力的显著增强，以及人工智能技术如何以更大范围、更高效率、更加精准地优化生产和服务资源配置，推动各行各业的数字化、智能化转型。这种转型催生了一系列新技术、新业态和新市场。在边缘计算领域，场景驱动同样重要。边缘计算的应用场景多种多样，包括数据密集型、体验时延敏感型、机器时延敏感型和生命保障型等。每个客户的需求和业务目标都不尽相同，因此，边缘计算的建设模式也呈现出"千人千面"的特点。此外，在智能交通领域，场景驱动的双智建设也取得了显著成果。例如，通过车联网技术，车辆可以获取周围车辆的行驶数据以及路侧基础设施发送的信息，实现前碰预警、交叉路口碰撞预警等场景，从而显著提升车辆行驶安全和交通效率。

场景应用探索是一个广泛而深入的过程，它涉及多个领域和行业，旨在发掘并优化特定场景下的技术应用和解决方案。在这个过程中，我们关注不同场景下用户的需求、痛点以及潜在机会，并通过创新的技术手段满足这些需求。在电子商务领域，场景应用探索体现在为用户提供更便捷、个性化的购物体验。例如，通过智能推荐系统，根据用户的浏览历史和购买行为，为其推荐符合其兴趣和需求的商品。此外，利用虚拟试衣间等技术，用户可以在线试穿衣物，提高购物的满意度和便利性。在医疗行业，场景应用探索同样重要。例如，通过远程医疗技术，医生可以跨越地域限制为患者提供诊疗服务，特别是在偏远地区或紧急情况下。此外，利用大数据和人工智能技术，医生可以更精准地分析患者的病情，制定个性化的治疗方案。在交通领域，无人驾驶技术的场景应用探索正在改变我们的出行方式。通过无人驾驶车辆，我们可以实现更高效、安全的出行，减少交通事故的发生，并缓解城市交通压力。同时，智能交通系统可以根据实时交通数据优化交通流量，提高道路使用效率。在教育、娱乐、旅游等其他领域，场景应用探索也有着广泛应用。例如，在教育领域，利用虚拟现实技术，学生可以身临其境地体验各种学习场景，提高学习效果。在娱乐领域，个性化的推荐系统可以根据用户的喜好为其推荐音乐、电影等内容。在旅游领域，通过智能导航和导游系统，游客可以更轻松地找到目的地并了解当地的文化和历史。

在当今快速发展的时代背景下，无论是互联网、绿色金融、教育还是医疗等行业，都面临着日新月异的挑战与机遇。为了在这个竞争激烈的市场中脱颖而出，深化场景理解与应用探索显得尤为重要。通过对特定场景进行深入剖析，我们能够更加精准地把握用户需求，进而通过技术创新和优化满足这些需求。

二、关键技术支撑与应用场景剖析

大数据技术的应用场景，商业智能方面，大数据技术在商业智能领域的应用主要体现在市场分析、用户行为分析、个性化推荐等方面。通过对海量数据的挖掘和分析，企业可以深入了解市场趋势、消费者需求以及竞争态势，从而制定更加精准的市场策略和产品规划。同时，大数据技术还可以帮助企业实现个性化营销，提高客户满意度和忠诚度。在智能交通领域，大数据技术可以应用于交通拥堵预测、出行路线规划、公共交通优化等方面。通过对历史交通数据的分析，可以预测未来交通拥堵情况，为政府部门提供决策支持。同时，基于实时路况信息的导航系统可以为用户规划最佳出行路线，提高道路利用率和出行效率。在医疗健康领域，大数据技术可以用于医疗数据分析、疾病预测、精准医疗等方面。通过对医疗数据的挖掘和分析，可以发现隐藏在数据中的有价值信息，为医生提供更加精准的诊断和治疗方案；同时，基于大数据的预测模型还可以实现对疾病的早期预警和预防。

云计算技术的应用场景。数据处理与分析方面，云计算的强大计算能力可以应对大数据的处理和分析任务，如数据挖掘、机器学习等；云计算存储与备份方面，利用云计算的存储服务，可以实现数据的集中存储和备份，确保数据的安全性和可靠性。云原生应用开发方面，在云平台上构建和运行的应用程序，可以充分利用云计算的弹性伸缩和自动化管理能力，提高应用的开发效率和运行性能。在线教育方面，云计算为在线教育提供了丰富的资源和便捷的服务，如在线课程、学习管理系统等，提高了教育的普及性和质量。智慧城市建设方面，云计算技术可以支持智慧城市的建设，如智能交通、智慧安防、环境监测等，提升城市管理的智能化水平。

人工智能技术的应用场景。在工业制造领域，人工智能技术可以帮助实现生产线的自动化和智能化。例如，通过机器学习算法对生产数据进行分析，可以优化生产流程，提高生产效率。在医疗健康领域，人工智能技术可用于辅助诊断和治疗。例如，通过图像识别技术，计算机可以辅助医生识别病变部位；通过自然语言处理技术，计算机可以分析患者的病历和症状，为医生提供诊疗建议。在绿色金融服务领域，人工智能技术可以应用于风险评估、欺诈检测、投资建议等。例如，利用机器学习算法对用户的交易数据进行分析，可以发现异常交易并预警欺诈风险。

物联网技术的应用场景。智能家居是物联网技术在家庭领域的重要应用。通过智能家电、智能安防等设备，实现家居环境的智能化控制和安全监测。例如，智能音箱可以通过语音控制家电开关，智能门锁可以通过指纹识别或密码解锁，智能摄像头可以实时监测家庭安全状况。工业物联网将传感器、执行器、控制系统等设备连接在一起，实现工业生产的智能化。通过实时监测设备运行状况和工艺参数，可以提高生产效率、降低能耗和减少故障率。例如，智能工厂可以实现设备的自动化控制和生产过程的可视化管理。智慧城市通过物联网技术实现城市基础设施和公共服务的智能化。例如，智能交通系统可以通过实时监测交通流量和路况信息，优化交通信号灯配时和车辆调度，缓解交通拥堵；智能环境监测系统可以实时监测空气质量、噪声等环境参数，为环境保护和城市规划提供依据。

三、创新应用场景设计与实施方案

场景创新是以新技术的创造性应用为导向，以供需联动为路径，实现新技术迭代升级和产业快速增长的过程。推动人工智能场景创新对于促进人工智能更高水平应用，更好支撑高质量发展具有重要意义。我国人工智能技术快速发展、数据和算力资源日益丰富、应用场景不断拓展，为开展人工智能场景创新奠定了坚实基础。但仍存在对场景创新认识不到位，重大场景系统设计不足，场景机会开放程度不够，场景创新生态不完善等问题，需要加强对人工智能场景创新工作的统筹指导。

在应用场景的创新过程中需要遵守以下原则：①企业主导。坚持企业在场景创新全过程中的主体地位，充分发挥政府引导作用，推动企业成为场景创意提出、场景设计开发、场景资源开放、场景应用示范的主体。②创新引领。面向新技术的创造性应用，以前瞻性构想和开拓性实践为起点，运用新模式新方法推动人工智能应用场景落地。③开放融合。推动各类创新主体开放场景机会，围绕场景创新加快资本、人才、技术、数据、算力等要素汇聚，促进人工智能创新链、产业链深度融合。④协同治理。尊重人工智能发展规律，发挥政府和市场的积极性，共同为场景创新提供制度供给，促进人工智能创新发展与监管规范相协调。

场景创新成为人工智能技术升级、产业增长的新路径，场景创新成果持续涌现，推动新一代人工智能发展水平。重大应用场景加速涌现，在经济社会发展、科学研究发现、重大活动保障等领域形成一批示范性强、显示度高、带动性广的重大应用场景。场景驱动技术创新成效显著，通过场景创新促进人工智能关键技术和系统平台优化升级，形成技术供给和场景需求互动演进的持续创新力。场景创新合作生态初步形成，初步形成政府、产业界、科技界协同合作的人工智能场景创新体系，场景创新主体合作更加紧密、创新能力显著提升。场景驱动创新模式广泛应用，场景开放创新成为地方和行业推动人工智能发展的重要抓手，形成一批场景开放政策措施和制度成果。

随着科技的飞速发展，创新应用场景已成为推动社会进步的重要动力。创新应用场景指将新技术、新理念、新方法应用于日常生活、工作和娱乐等领域，为人们提供更高效、便捷和有趣的生活体验。这些应用场景不仅改变着我们的生活方式，还推动着各行各业的转型升级。因此，设计和实施优秀的创新应用场景对于提升社会整体竞争力具有重要意义。

第八节　探索并打造数字经济发展科技创新载体

一、科技创新载体构建基础

数字经济主要以互联网、物联网、大数据、云计算等先进的信息技术为基础，这些技术一旦与经济活动结合，一方面，可以有效推动不同产业之间的融合创新，孕育催生新的商业模式，培育壮大新的经济增长点。另一方面，会促使传统产业发生质的改变，重新焕发活力。数字经济的最大特点是可以通过各种数字技术的广泛应用，不断产生新经济、新业态；同时可以通过创新能力极强的数字技术，对传统低效产业进行改造、升级、换代，进而转变经济增长方式，推动经济转型升级。

创新是一个复杂的系统，以创新驱动经济增长，需要不断地向经济系统注入新的要素。这些要素，既包括大家熟知的技术创新、制度创新、商业模式创新，也包括能使各种创新要素更好发挥作用的一些辅助性创新，如一些更加有效的知识共享方式——让知识通过技术更快地传播、扩散，让知识的获取使用更加便利的方法，等等。以上这些创新要素都可以通过数字技术进一步推动。同时，发展好数字经济，能更好地促进技术创新、商业模式创新以及制度创新的协同与融合。事实上，一系列数字技术的创新应用和与之相联系的新经济业态的不断涌现，不但可以更加有效地促进经济发展领域的技术创新及转化利用，而且它的外溢效应可惠及许多高端制造业，如人工智能、智能制造、高速铁路、无人驾驶汽车等，从而使数字经济成为国家实施创新驱动战略的重要载体。

在利用科技载体构建基础设施时，网络安全、数据保护与隐私保护是不可或缺的要素。首先，网络安全是保障整个系统稳定运行的基础，需要采取多种措施防止网络攻击和数据泄露。其次，数据保护涉及对数据的收集、存储、处理和使用等环节的规范和管理，以确保数据的合法性和安全性。最后，隐私保护是对个人信息的尊重和保护，需要在技术和管理层面加强保障。科技创新载体的构建涉及研发设施、实验平台、人才培养等要素。研发设施是科技创新的物质基础，包括实验室、中试基地等；实验平台是科技创新的试验场，为科研人员提供了实践创新的舞台；人才培养是科技创新的关键，需要构建完善的创新人才培养体系。这些要素共同构成了科技创新载体的整体架构，为科技创新提供了全方位的支持。

第一，完善的要素流动制度。创新要素是科技创新的基础条件，包括人才、技术、资本、数据、基础设施等。支持全面创新的要素流动制度，能够促进各类创新要素合理流通，优化布局，高效配置，提升创新体系整体效能。

第二，完善的科学评价制度，评价制度是实现全面创新的"指挥棒"，包括人才评价、成果评价和激励体系。建立支持全面创新的科学评价制度，需要遵循科研规律，建立市场导向的科技创新激励体系、需求导向的成果转化体系、人本导向的创新人才成长体系，从源头促进科技创新发展。

第三，完善的协同融合制度。协同创新是提升创新整体效能的重要手段，包括产学研用协同、创新链产业链协同、军民科技协同、科技与经济社会协同等。建立支持全面创新的协同融合制度，需要构建集创新资源、研发载体、产业需求于一体的产业技术创新体系，大力提升科技成果转化效率，推动科技资源优势转化为产业发展优势。

第四，完善的市场经济制度。市场制度是支持全面创新的重要经济制度，包括创新产品市场准入、公平竞争审查、社会信用体系和开放创新等基础制度。建立支持全面创新的市场经济制度，完善创新责任体系，营造开放包容的创新环境，有效提高各类创新要素的可及性，激发创新主体动力活力。

第五，完善的知识产权制度。知识产权制度是全面创新基础制度的重要构成，包括知识产权保护、知识产权流通、知识产权运营等制度安排。建立支持全面创新的知识产权制度，需要构建法治导向的知识产权保护制度体系，提高知识产权治理能力，有效推动创新环境持续优化。

第六，完善的科技安全制度。科技安全是国家安全的重要保障，包括技术主权安全、科技秘密安全、科研活动安全、技术经济安全、国防科技安全和科技应用安全等方面。建立支持全面创新的科技安全制度，需要不断夯实维护国家安全的科技能力基础，构建系统完备高效国家创新体系。

建立支持全面创新的基础制度，要形成适应创新驱动发展要求的制度环境和政策法律体系，推动人才、资本、技术、知识等创新要素自由流动，促进企业、科研院所、高等院校等各类创新主体协同创新，形成创新活力竞相迸发、创新成果得到充分保护、创新价值得到更大体现、创新资源配置效率大幅提升、创新人才合理分享创新收益的制度环境，为我国建设创新型国家提供强有力的保障。

二、关键技术与核心能力培育

（1）加强顶层设计，做到精准支持。促进科技界与产业部门深度协同，做好创新链条各个环节间的对话与对接。从国家层面加强顶层设计，建设相对稳定的应用基础研究团队，发挥新型举国体制优势。一是政府支持和市场机制相结合，选择对产业带动性大、辐射效应强的应用基础研究领域予以长期支持。二是完善相关体制机制，充分挖掘和扩大原有行业性科研院所的产业系统集成和核心共同技术的独特作用。三是发挥产业部门纽带作用，面向全产业和全社会进行应用基础研究成果的转移和扩散。

（2）增加创新供给，全面提高原始创新能力。进一步加大基础研究投入，引导和带动社会力量对基础性研究加大投入。比如，引导和鼓励有实力的企业开展基础研究或投资基础研究，加大应用基础研究投入保障力度。在增加总投入的同时，应进一步完善制度机制，推动地方政府和中央企业加大对基础研究的投入力度和平台建设力度。

（3）增加人才供给。加大国家财政和地方财政对科技人才的政策支持，重点加大基础研究相关学科建设，优化基础研究人才的成长环境和培养机制。营造更加宽松的创新环境，鼓励试错，宽容失败；发挥市场力量汇集科技领军人才和领先创新团队，吸引更多国际顶尖人才来华工作；给予创新团队更多自主权，打造专业化的工程研发队伍。完善工程技术人才培养体系，培养工程技术领军人才，满足创新型国家建设对高层次应用型工程技术创新人才的需求。积极推进新工科建设，构建面向科学精神和创新能力培养的教育理念和教育方式，培养实践能力强的学生。

（4）发展科技服务，强化政策落地。培育、支持和引导科技中介服务机构向服务专业化、功能社会化、组织网络化、运行规范化方向发展，壮大专业研发设计服务企业，培育知识产权服务市场，完善技术交易市场体系，充分发挥科技社团在推动全社会创新活动中的作用。针对有些政策落实难的问题，国家层面应认真梳理、归并管理，增强政策间的协同效应，释放政策红利。

（5）提升创新需求，保障创新收益。完善国产核心关键技术的产业化应用机制。制定政府采购中首购和订购的实施细则，在招投标、合同和价格方面给予首台首套设备政策优惠。针对高技术含量的首台首套产品，在符合世贸组织《补贴与反补贴协议》前提下，允许实行后补偿式研发采购政策，即根据首台首套设备研发成本，补贴其一定比例的研发经费。研发成果商业化前的政府约定采购有助于形成稳定的市场预期，对保障创新收益、加快核心关键技术市场化和产业化意义重大。政府预先向市场发布技术规格、产品性能和采购规模等，在企业提交的创新解决方案基础上，政企双方签订创新采购合同。当创新产品性能在合同约定框架内能满足采购需求时，政府部门须按照约定的规模和价格完成采购。

三、数字经济下创新载体战略规划

在数字经济背景下，企业应制定并实施创新战略规划，确定创新目标，明确企业在数字经济中的发展定位和创新方向，确保创新活动与企业整体战略保持一致；分析威胁与机会，密切关注行业动态和技术发展趋势，识别潜在的威胁和机会，为创新活动提供决策依据；制定核心策略，根据分析结果，制定针对性的创新策略，包括技术创新、产品创新、组织创新等方面。

加强新型商业模式与业态推广，利用数字技术驱动新型商业模式和业态推广，有助于企业提升核心竞争力。例如，通过数据分析和精准营销，实现个性化定制和精准服务；借助共享经济模式，实现资源的优化配置和高效利用。加强人才培养与科技支持，在数字经济中，人才是推动企业发展的核心力量。我们需要加大科技研发投入，提升企业的自主创新能力，为创新活动提供有力的技术支持。以华为为例，该企业注重研发投入和人才培养，通过自主研发和技术创新，在 5G 技术、人工智能等领域取得了显著成果。加强跨界合作与产业链整合，有助于企业实现资源共享和优势互补，提升整体竞争力。在数字经济中，企业应积极寻求与其他企业或机构的合作机会，共同推动技术创新和产业发展。此外，通过产业链整合，企业可以优化资源配置，降低生产成本，提高市场竞争力。

加强监管政策及法律法规支持，政府在数字经济创新载体建设中发挥着重要作用。通过制定一系列监管政策及法律法规，政府为企业提供了良好的创新环境和政策支持，这样有助于降低企业创新风险，激发创新活力，推动数字经济健康发展。

参考文献

［1］贺立龙.数字经济学与新时代中国特色社会主义经济理论创新［J/OL］.长安大学学报（社会科学版），1-12［2024-06-24］. http：//kns.cnki.net/kcms/detail/61.1391.C.20240621.1106.002.html.

［2］李娜，张田雨，孙毅，等.我国省级地区数字经济核心产业规模及其差异演变［J/OL］.调研世界，1-14［2024-06-24］. https：//doi.org/10.13778/j.cnki.11-3705/c.2024.06.007.

［3］王思薇，侯琳琳.中国数字经济与制造业融合发展水平测度及其分布动态演进［J/OL］.资源开发与市场，1-17［2024-06-24］. http：//kns.cnki.net/kcms/detail/51.1448.N.20240618.1459.004.html.

［4］朱乾隆，邹旭，石晓平.数字经济发展能降低地方政府土地财政依赖吗［J/OL］.当代财经，1-14［2024-06-24］. https：//doi.org/10.13676/j.cnki.cn36-1030/f.20240616.002.

［5］李娜，张田雨，孙毅，等.我国省级地区数字经济核心产业规模及其差异演变［J］.调研世界，2024（6）：73-86.

［6］孙欣，芮雪雨.城市数字普惠金融发展对碳排放强度影响研究［J/OL］.华东经济管理，1-11［2024-06-24］. https：//doi.org/10.19629/j.cnki.34-1014/f.231102021.

［7］裴耀琳，郭淑芬.数字经济、资源禀赋与产业结构转型［J/OL］.统计与决策，86-91［2024-06-24］. https：//doi.org/10.13546/j.cnki.tjyjc.2024.11.015.

［8］蔡洁，谢怡薇，赵扬.数字经济与中国农业高质量发展耦合协调驱动因素研究［J/OL］.资源开发与市场，1-15［2024-06-24］. http：//kns.cnki.net/kcms/detail/51.1448.N.20240613.1423.002.html.

［9］蔡承智，张林.数字经济对我国农业绿色发展影响的空间溢出效应——基于静态空间杜宾模型和动态空间杜宾模型的分析［J］.生态经济，2024，40（6）：108-116.

［10］尚艳春，张银花．数字经济发展赋能农村居民消费升级——考虑非农业性收入的中介作用［J］．商业经济研究，2024（11）：117-121.

［11］冯卓，吴奇．平台经济赋能实体经济发展研究——来自中国省级面板数据的证据［J］．工业技术经济，2024，43（6）：103-112.

［12］彭政钦，李伶俐，万妍辰．数字普惠金融的经济增长效应——基于人力资本的门槛效应分析［J］．统计与决策，2024，40（10）：156-161.

［13］赵彬策，李晓春，王电双．数字经济发展对农户土地转出的影响——来自中国健康与养老追踪调查的证据［J］．经济体制改革，2024（3）：69-76.

［14］范德成，肖文雪．数字经济何以成为区域创新发展新动能——基于要素融合的实证分析［J/OL］．科技进步与对策，1-13［2024-06-24］．http：//kns.cnki.net/kcms/detail/42.1224.G3.20240519.2021.006.html.

［15］杨永生，雷洪博，李明．数字经济影响城乡经济融合的传导机制与空间效应研究［J/OL］．云南师范大学学报（哲学社会科学版），1-13［2024-06-24］．http：//kns.cnki.net/kcms/detail/53.1003.C.20240517.0935.002.html.

［16］李正图，朱秋．数字经济全球化：历史必然性、显著特征及战略选择［J］．兰州大学学报（社会科学版），2024，52（2）：25-39.

［17］王一博．数字普惠金融及其对于农村用户正规信贷申用的影响——基于浙江省农村数字普惠金融推动共同富裕的经验分析［J］．经济研究导刊，2024（7）：95-98.

［18］王水莲，付晗涵．工业互联网平台主导的创新生态系统价值共创机制——以海尔卡奥斯为例［J/OL］．科技进步与对策，1-9［2024-06-24］．http：//kns.cnki.net/kcms/detail/42.1224.g3.20240410.1501.028.html.

［19］张军红．平衡好快速发展和有效治理的关系 访中国发展战略学研究会副理事长兼数字经济专委会执行主任李淑敏［J］．经济，2024（4）：72-74.

［20］张冉，原伟鹏，王秋霞，等．数字经济、绿色金融和绿色低碳技术创新耦合协调机制研究［J］．青海金融，2024（3）：18-24.

［21］张瑜．构建中国式数字经济理论体系的有益探索——评中信出版集团《数字经济：内涵与路径》一书［J］．价格理论与实践，2024（3）：227.

［22］李晓磊，卢安文，欧阳日辉．美欧数据要素市场治理模式比较与中国因应——基于全球数字经济战略博弈的视角考察［J］．重庆邮电大学学报（社会科学版），2024，36（2）：77-87.

［23］何增华，陈升，李金林，等.数字经济对地区绿色创新的影响及空间效应分析——基于中国271个城市的经验证据［J/OL］.科学学与科学技术管理，1-30［2024-06-24］.http：//kns.cnki.net/kcms/detail/12.1117.G3.20240312.1110.002.html.

［24］王轶，魏巍.数字经济推动农村地区共同富裕研究［J］.中国高校社会科学，2024（2）：85-93+159.

［25］蒋佳玉.数字普惠金融推动农民农村共同富裕——基于复杂网络模型的实证研究［J］.现代金融，2024（2）：53-59.

［26］周稳海，王培光.数字经济与共同富裕雄安新区绿色金融与大气环境耦合协调的时空演变［J］.河北大学学报（哲学社会科学版），2024，49（1）：117-133.

［27］崔连标，刘泽晨，王佳雪.数字经济对长江经济带实体经济发展的影响研究——基于环境规制和经济发展的调节效应［J］.华北水利水电大学学报（社会科学版），2024，40（1）：19-29.

［28］黄平.绿色金融是否提高了地方政府对数字经济的注意力？——基于政策文本分析［J/OL］.生态经济，1-14［2024-06-24］.http：//kns.cnki.net/kcms/detail/53.1193.f.20231220.1633.012.html.

［29］曹瑞丽，贺晓峰.数字基础设施、技术创新与城市经济韧性［J］.现代管理科学，2023（6）：143-152.

［30］胡承晨，毛丰付.数字技术赋能政府治理：数字基础设施与经济韧性［J］.河北经贸大学学报，2023，44（4）：40-52.

［31］戴艳娟，沈伟鹏，谭伟杰.大数据发展对企业数字技术创新的影响研究——基于国家大数据综合试验区的准自然实验［J］.西部论坛，2023，33（2）：16-28.

［32］孙继国，赵文燕.数字金融素养何以推动农民农村共同富裕［J］.上海财经大学学报，2023，25（3）：33-46.

［33］师博，方嘉辉.数字经济赋能中国式新型工业化的理论内涵、实践取向与政策体系［J］.人文杂志，2023（1）：7-12.

［34］钞小静.以数字经济与实体经济深度融合赋能新形势下经济高质量发展［J］.财贸研究，2022，33（12）：1-8.

［35］张艺，李秀敏.新型数字基础设施、零工就业与空间溢出效应［J］.中国

流通经济，2022，36（11）：103-117.

［36］杨晓霞，陈晓东．数字经济能够促进产业链创新吗？——基于 OECD 投入产出表的经验证据［J］.改革，2022（11）：54-69.

［37］吕明元，程秋阳．工业互联网平台发展对制造业转型升级的影响：效应与机制［J］.人文杂志，2022（10）：63-74.

［38］陈晓红，李杨扬，宋丽洁，等.数字经济理论体系与研究展望［J］.社会科学文摘，2022（6）：4-6.

［39］陈晓红，李杨扬，宋丽洁，等.数字经济理论体系与研究展望［J］.管理世界，2022，38（2）：13-16+208-224.

［40］孙萍．如何理解算法的物质属性——基于平台经济和数字劳动的物质性研究［J］.科学与社会，2019，9（3）：50-66.

［41］戴瑞红．数字经济下会计信息系统的重构——企业云平台中的会计信息系统［J］.生产力研究，2019（5）：156-160.

［42］工业和信息化部关于印发《新型数据中心发展三年行动计划（2021—2023 年）》的通知［Z］.2021-07-04.

［43］王若林.Uber 还是滴滴快的，谁更能体现共享经济的未来？［J］.互联网周刊，2015（10）：22-23.

［44］赵峥．地方数字治理：实践导向、主要障碍与均衡路径［J］.重庆理工大学学报（社会科学版），2021，35（4）：1-7.

［45］吴晓灵．构建面向数字时代的金融科技监管框架［EB/OL］.https：//baijiahao.baidu.com/s？id=1716573863307778 742&wfr=spider&for=pc.

［46］麦肯锡．三大创新打造国际一流的营商环境［EB/OL］.https：//www.mckinsey.com.cn/ 三大创新打造国际一流的营商环境 /.

［47］腾讯研究院．"监管沙盒"——开启数字治理探索之路［EB/OL］.https：//new.qq.com/rain/a/20210305A0BUXY00.

［48］安筱鹏，宋斐．转型之路：从数字化到数智化［R］.阿里研究院，2020.

［49］工业互联网研习社.大话"数字经济"［R］.2020.

［50］工业 4.0.如何推进企业数字化转型？三大难点问题待解！［EB/ OL］.http：//digitalization.infosws.cn/20200813/38788.html.

［51］李剑峰．企业数字化转型的本质内涵和实践路径［J］.石油科技论坛，2020，39（5）：1-8.

［52］中国电子信息产业发展研究院.工业互联网平台新模式新业态白皮书［R］.2019.

［53］陈春花.传统产业数字化转型的"六个关键认知"［C］.第二届"国家数字竞争力"论坛,2019.

［54］邢郑.数字赋能　政务"瘦身"——政府数字化转型跑出"加速度"［EB/OL］.http://industry.people.com.cn/n1/2020/0729/c413883-3180-2813.html.

［55］国务院关于印发"十三五"国家科技创新规划的通知［Z］.2016-08-08.

［56］侯冠宇,熊金武.数字经济对经济高质量发展的影响与提升路径研究——基于我国30个省份的fsQCA分析［J］.西南民族大学学报（人文社会科学版）,2023（8）:115-124.

［57］邓慧慧,刘宇佳,王强.中国数字技术城市网络的空间结构研究——兼论网络型城市群建设［J］.中国工业经济,2022（9）:121-139.

［58］田秀娟,李睿.数字技术赋能实体经济转型发展——基于熊彼特内生增长理论的分析框架［J］.管理世界,2022,38（5）:56-74.

［59］侯冠宇,熊金武.数字经济对共同富裕的影响与提升路径研究——基于我国30个省份的计量与QCA分析［J］.云南民族大学学报（哲学社会科学版）,2023（3）:89-99.

［60］茹少峰,张青.数字经济赋能经济高质量发展［M］.北京:人民出版社,2022.

［61］王一鸣.百年大变局、高质量发展与构建新发展格局［J］.管理世界,2020（12）:1-13.

［62］焦豪.数字平台生态观:数字经济时代的管理理论新视角［J］.中国工业经济,2023（7）:122-141.

［63］陆九天,李泽浩,高娟.全球数字经济典型战略布局概况［J］.数字经济,2023（8）:74-89.